10 Lições sobre
GRAMSCI

Dados Internacionais de Catalogação na Publicação (CIP)
(Câmara Brasileira do Livro, SP, Brasil)

De Mari, Cezar Luiz
  10 lições sobre Gramsci / Cezar Luiz De Mari. –
Petrópolis, RJ : Vozes, 2023. – (Coleção 10 Lições)

  Bibliografia.
  ISBN 978-65-5713-894-6

  1. Ciências sociais – Filosofia 2. Filosofia –
Aspectos sociais 3. Gramsci, Antonio, 1891-1937 –
4. Socialismo 5. Teoria social I. Título. II. Série.

22-138536   CDD-306

Índices para catálogo sistemático:
1. Teoria social : Sociologia   306

Inajara Pires de Souza – Bibliotecária – CRB PR-001652/0

Cezar Luiz De Mari

10 Lições sobre
GRAMSCI

EDITORA
VOZES

Petrópolis

© 2023, Editora Vozes Ltda.
Rua Frei Luís, 100
25689-900 Petrópolis, RJ
www.vozes.com.br
Brasil

Todos os direitos reservados. Nenhuma parte desta obra poderá ser reproduzida ou transmitida por qualquer forma e/ou quaisquer meios (eletrônico ou mecânico, incluindo fotocópia e gravação) ou arquivada em qualquer sistema ou banco de dados sem permissão escrita da editora.

CONSELHO EDITORIAL

Diretor
Volney J. Berkenbrock

Editores
Aline dos Santos Carneiro
Edrian Josué Pasini
Marilac Loraine Oleniki
Welder Lancieri Marchini

Conselheiros
Elói Dionísio Piva
Francisco Morás
Gilberto Gonçalves Garcia
Ludovico Garmus
Teobaldo Heidemann

Secretário executivo
Leonardo A.R.T. dos Santos

Editoração: Laís Costa Lomar Toledo
Diagramação: Daniela Alessandra Eid
Revisão gráfica: Michele Guedes Schmid
Capa: Editora Vozes
Ilustração de capa: Studio Graph-it

ISBN 978-65-5713-894-6

Este livro foi composto e impresso pela Editora Vozes Ltda.

Sumário

Prefácio, 7

Apresentação, 11

Primeira lição – Dados biográficos e da obra, 17

Segunda lição – Hegemonia, o equilíbrio entre o consenso e a coerção, 27

Terceira lição – Sociedade civil e sociedade política: o Estado integral, 44

Quarta lição – Filosofia da práxis: por uma concepção integral de mundo, 60

Quinta lição – Intelectuais e a formação da cultura, 75

Sexta lição – Ideologia, 88

Sétima lição – Tradutibilidade: conceito revolucionário, 101

Oitava lição – Jornalismo e cultura, 115

Nona lição – Ética: da necessidade à liberdade, 131

Décima lição – Atualidade do pensamento gramsciano, 147

Referências, 153

Prefácio

É com imensa satisfação que apresento ao leitor o livro *10 lições sobre Gramsci*, publicado pela Editora Vozes e escrito pelo amigo que conheci em um encontro da International Gramsci Society – IGS/Brasil, em Campinas, Cezar Luiz De Mari. Amigo que passei a conhecer e admirar o seu trabalho como professor universitário, filósofo e difusor do pensamento gramsciano. Um trabalho calmo e meticuloso, simples e, ao mesmo tempo aprofundado, como vemos nesse livro.

Cezar Luiz De Mari foi membro da coordenação científica da IGS/Brasil, gestão 2019-2022, e, junto aos demais companheiros da organização, ocupou-se da revista, de pesquisar a produção e a criação de grupos de estudo e pesquisa a respeito de Antônio Gramsci. Novamente, seguindo essa mesma proposta, soma-se a construção dessa obra em tela: promover a divulgação do pensamento gramsciano, especialmente àqueles que estão chegando recentemente a esses estudos.

Estudar o pensamento de Antônio Gramsci é uma tarefa árdua, exige dedicação, fazer relações com sua biografia e a história vivida na Itália do seu tempo, relacionar com o que vivemos no presente por meio da "filologia vivente" e da tradutibilidade linguística, filosófica e conceitual, buscando articular os conceitos trazidos por meio do diálogo entre os escritos políticos pré-carcerários, as Cartas e os Cadernos do cárcere. A rigor, Gramsci nunca escreveu um livro, porém, há muitos livros escritos sobre ele.

Diante desse panorama, é de suma importância frisar a íntima relação entre sua vida e a obra, entre o homem militante político e o homem teórico-filosófico, entre a ação política e a reflexão pedagógica. Sem o primeiro, fica difícil compreender o segundo e vice-versa. Sua obra teve como grande objetivo a formação teórico-prática das classes subalternas para "[...] lutar contra as relações de poder vigentes, visando superar a situação de diligência e dominação (situação hegemônica) a que estavam submetidas" (MARTINS, 2008, p. 308). Sob a luz dessa questão, estará o coração de seu pensamento e, para tanto, construirá novos valores e conhecimentos que deveriam ser difundidos e apropriados, despertando a vontade de constituição de uma nova civilização, uma nova realidade econômica, ética, política e cultural (MARTINS, 2008).

Seguindo seu método de trabalho que prima, como diz Semeraro (2001, p. 97), pela "[...] capacidade de ressignificar conceitos e de elaborar novas categorias", ao final, o esforço desse livro é jogar luz sobre os conceitos gramscianos em inter-relação, consolidando novos olhares teóricos e práticos sobre os "modos de vida".

Em *10 lições sobre Gramsci*, Cezar Luiz De Mari se ocupa de apresentar uma introdução bastante rica do pensador sardo. Um livro que utilizarei no grupo de pesquisa que coordeno sobre os fundamentos da educação (Gepfee) e na disciplina optativa que ofereço no Programa de Pós-Graduação em Educação (PPGE/Ufes) sobre o pensamento político, filosófico e educacional de Antônio Gramsci.

Esta obra que ora tenho a honra de prefaciar contribuirá para florescer novos frutos. Novos estudos surgirão sobre o pensador sardo ou estudos que utilizam o seu pensamento como ferramenta de análise. Por todo o exposto, pode-se concluir que esta obra é leitura obrigatória aos que se interessam pela obra de Gramsci: acadêmicos, ativistas de movimentos sociais e políticos, estudantes de graduação e pós-graduação, professores...

Agradeço o convite, que muito me alegrou, para prefaciar este livro produzido não somente por um grande pesquisador, mas um amigo de luta que acredita que um outro mundo é possível.

Verão de resistências e esperanças, 2022.
Prof. Douglas Ferrari (Ufes)

Referências

MARTINS, M.F. *Marx, Gramsci e o conhecimento*. Campinas: Autores Associados, 2008.

SEMERARO, G. Anotações para uma teoria do conhecimento em Gramsci. *Revista Brasileira de Educação*, n. 16, p. 95-104, jan.-abr./2001.

Apresentação

A filosofia marxista nos ensina que toda obra humana se origina em um período sócio-histórico-cultural propício. Este livro didático-filosófico sobre Antonio Gramsci não é uma exceção. Ele foi escrito em um momento histórico do Brasil caracterizado pela perseguição ideológica da extrema direita contra pensamentos políticos e filosóficos considerados de esquerda, especialmente aqueles influenciados por Gramsci – considerado um mentor da propaganda cultural marxista pelos ideólogos reacionários.

Quando eu entrei no Departamento de Educação da Universidade Federal de Viçosa (UFV) em 2016, tive a felicidade de conhecer o autor do livro, Cezar Luiz De Mari, chefe de departamento na época. Um professor de filosofia competente, dedicado e muito elogiado pelos estudantes. Ele me convidou para fazer parte do Grupo de Estudos dos Clássicos Contemporâneos em Educação – Gecce que fundou e coordena na universidade, um espaço de estudo e diálogo sobre os textos de Antonio Gramsci e de outros teóricos ligados à *filosofia da práxis* no campo da educação.

O autor é membro da International Gramsci Society – IGS/Brasil, um intelectual engajado, sempre contribuindo com os movimentos de classe, tendo apoiando a criação do curso de Licenciatura em Educação do Campo e da Cátedra Paulo Freire, ambos na UFV.

Em uma reunião com a Editora Vozes sobre as coleções de filosofia, fui apresentado ao projeto da coleção 10 Lições sobre... Ao conferir o catálogo de livros já publicados sobre diversos filósofos sentimos falta de Antonio Gramsci. Chegamos em um consenso sobre o nome do professor Cezar Luiz De Mari para escrever esta importante obra de divulgação com a responsabilidade exigida.

Antonio Gramsci (1891-1937) foi um dos principais pensadores italianos no início do século XX. Estudou Letras na Universidade de Turim e tornou-se jornalista na imprensa de esquerda, conquistando fama por seus artigos de cunho político. Militante ativo, foi um dos fundadores do Partido Comunista Italiano – PCI e opositor do fascismo de Benito Mussolini.

Antonio Gramsci foi considerado uma "ameaça" pelo fascismo italiano, o que o levou a ser preso arbitrariamente a partir de 1926. Entretanto, a restrição de sua liberdade física não comprometeu sua autonomia intelectual. Um gênio não se cala facilmente. Desta amarga experiência de confinamento surgiu sua obra filosófica mais importante: os *Quaderni del carcere*. Graças a um acordo de troca de prisioneiros políticos com a União Soviética, Gramsci recebeu a liberdade condicional em estágio avançado de debilitação de sua saúde. Faleceu em 27 de abril de 1937, aos 46 anos de idade, uma morte acelerada pelas condições do cárcere, porém acompanhada de um imenso legado filosófico. Sua vida se tornou um exemplo de resistência e perseverança para todos aqueles que desejam viver lutando por uma sociedade livre e justa.

Os textos de Gramsci apresentam uma rara característica filosófica que contribuiu com a sua disseminação e fama: eles unem rigorosidade, filologia, erudição e linguagem acessível aos diversos públicos. Seus textos podem ser lidos por professores universitários e operários do chão de fábrica. Essa habilidade de comunicação sempre preocupou seus adversários políticos, acompanhada por sentimentos de admiração e críticas.

Gramsci apresentou contribuições significativas para os estudos em humanidades. Fez releituras das obras de Karl Marx, Vladimir Lenin e Nicolau Maquiavel, dentre outras, propondo a unidade de um bloco histórico entre infraestrutura e superestrutura em perspectiva dialética e antideterminista. Pensou o papel do intelectual e da cultura na sociedade capitalista, a ética, a ideologia, a sociedade civil, a sociedade política, o jornalismo e muitos outros temas que eram debatidos no início do século XX, e aqui retomados nesta obra.

Um conceito sobre o qual são geradas muitas polêmicas é o de hegemonia. Encontramos autores de extrema direita atribuindo a Gramsci um "complô" em escala global para perpetuar uma silenciosa "guerra cultural", travada por comunistas e outras organizações malévolas no intuito de implantar o "marxismo cultural" de maneira hegemônica para subverter o Estado, a moral, destruir a família e o cristianismo com o objetivo de estabelecer uma suposta "nova ordem mundial". O leitor provavelmente já tomou contato com esses delírios coletivos na internet ou em alguma reunião de família.

Diante deste cenário, as *10 lições sobre Gramsci* são uma leitura fundamental para amantes de filosofia e política, bem como para os estudantes de ciências humanas. A obra de Cezar Luiz De Mari contribui de maneira significativa para apresentar de maneira didática esse importante pensador e combater preconceitos e ideias equivocadas.

Eu recomendo sua leitura para todos aqueles que desejam melhorar como pensadores a sociedade em que vivemos.

Acredito que muitos leitores vão apreciar as reflexões filosóficas que se seguem, encantando-se com a vida e a obra de Gramsci.

Boa leitura!

Arthur Meucci
A vida que vale a pena ser vivida
Coleção Miniensaios de Filosofia

Primeira lição

Dados biográficos e da obra

> *Fui um combatente que não teve sorte na luta imediata e os combatentes não devem e não podem ser lastimados, quando lutaram não porque obrigados, mas porque eles assim quiseram conscientemente (LdC, 246, p. 448).*

Para a compreensão de um dos mais proeminentes autores do pensamento crítico ocidental do século XX, é necessário reconhecer que a complexidade das suas análises, as condições históricas e culturais nas quais suas obras foram escritas e as peculiaridades da história e da cultura italiana nos impõem uma tarefa desafiadora[1].

---

1. Tentar comunicar em linguagem jornalística sem perder a essencialidade e nem descaracterizar o autor exigiu-nos um trabalho de averiguação detalhada na edição crítica dos *Quaderni del carcere*, realizada por Valentino Gerratana, editada em 1975. Acompanhou-nos neste trabalho um conjunto de comentadores nacionais e internacionais, as edições brasilei-

Antonio Gramsci nasceu em 22 de janeiro de 1891 em Ales, na ilha da Sardenha, Itália. Faleceu em 27 de abril de 1937, na cidade de Roma, depois de passar 11 anos no cárcere como preso político. Sua família, de estrato médio, migrou do continente para a Sardenha vinda da cidade de Gaeta, localizada na região do *Lazio* meridional. Segundo Fiori (1979), Francesco, pai de Gramsci, conseguiu um trabalho no cartório de Ghilarza, depois em Ales e Sórgono, cidades vizinhas, e, em 1898, a família retornou para Ghilarza onde se estabeleceu em definitivo. Uma particular participação na vida de Antonio foi a de sua mãe, Peppina Marcias, que, além de ajudá-lo com os deveres da escola, também o acompanhou em cuidados por conta da sua doença, que se manifestou desde cedo. O diagnóstico mais provável foi de mal de Pott, manifesta por protuberância no peito e nas costas, deixando-o

---

ras coordenadas por Carlos Nelson Coutinho e o dicionário gramsciano, editado em 2009 no Brasil. Buscamos as contribuições da nova geração de estudiosos que vêm trazendo análises e interpretações de Gramsci a partir do lançamento do projeto da *Edição nacional da Itália*, no início dos anos de 2000. Uma destas contribuições foi editada em 2004 com o título *Le parole de Gramsci*, cuja finalidade foi ser uma espécie de léxico dos *Quaderni* em determinadas temáticas. Para atender os recortes solicitados pela editora, tratamos de alguns dos principais temas de Gramsci com intuito de possibilitar uma leitura preliminar e ao mesmo tempo introduzir o leitor nas literaturas atuais que versam sobre eles.

corcunda. Sua mãe também cumpriu um importante papel, a partir de 1900, por ocasião do julgamento de Francesco em processo relativo ao exercício no cartório, levando-o à prisão por mais de cinco anos[2]. Peppina assumiu as responsabilidades de uma família com sete filhos, dos quais Antonio era o quarto[3], diante de todas as dificuldades econômicas que se seguiram.

Em Ghilarza, fez seus estudos primários, fundamental I e II e ensino médio entre 1898 e 1911. Foi, desde cedo, muito interessado nos estudos, sendo aluno com excelentes notas. A partir de 1905 toma contato com textos do jornal *Avanti!*, do Partido Socialista Italiano de Turim, enviados pelo seu irmão mais velho Gennaro. Entre os anos de 1911 e 1912, concorre a uma bolsa de estudos e entra na Faculdade de Letras em Turim, período de muitas dificuldades materiais e de saúde, tendo que abandoná-la em 1915. Na sua passagem por Turim, conhece dois colegas que se tornarão seus amigos e impor-

---

2. Segundo Fiori (1979), Francesco, ainda em Sórgono, teria sido julgado por questões de natureza política, "vítima do comércio da justiça" implantada depois da vitória de Cocco Ortu para Deputado pela Sardenha, nas eleições de 1897, em função de ter apoiado candidato opositor Enrico Carboni Boy e ter perdido.

3. Gennaro, Grazietta, Emma, Antonio, Mario, Terezinha e Carlo.

tantes figuras no desenvolvimento das frentes de esquerda na Itália, Palmiro Togliatti (1893-1964) e Angelo Tasca (1892-1960). Mantém leituras de periódicos como *La Voce* e *L'Unità*, que contribuirão na sua formação e em suas elaborações teóricas juvenis, incluindo as realizadas ao semanário *Il Grido Del Popolo*, e no próprio *Avanti!*, ambos do Partido Socialista Italiano – PSI[4]. Gramsci realiza diversas ações junto aos operários mantendo sua vida de jornalista, polemizando e discutindo questões nacionais, tendo como princípio a perspectiva socialista e integrando o grupo dos chamados "intransigentes revolucionários" do PSI.

Em 1919 participa da fundação da revista *L'Ordine Nuovo*, assumindo a função de secretário de redação, sendo também eleito para a comissão executiva turinense do PSI. Nesse mesmo ano, o grupo que dirige o periódico declara apoio à Internacional Comunista – IC, sendo dissidente do PSI, realizando a adesão formal no Congresso do PSI de Bolonha.

Foi preso pelo regime fascista em 8 de novembro de 1926, com o seguinte vaticínio do

---

4. Fundado em 1892 e encerrado em 1994. Gramsci permanece no PSI até a fundação do Partido Comunista Italiano – PCd'I, em 21 de janeiro de 1921, no qual atuará como um dos líderes dirigentes.

promotor que o julgou: "É preciso fazer com que esse cérebro deixe de funcionar por 20 anos", numa clara alusão a sua capacidade e contundência intelectual. Acontece que os escritos carcerários possibilitaram uma série de atualizações e revisões em relação aos textos pré-carcerários, consolidando-se como *fur ewig* (para sempre) e permitindo que o seu legado ficasse na história.

Entre os anos de 1929 e 1935, escreveu os *Quaderni del carcere*, reunidos em 33 cadernos escolares, dos quais 29 são temáticos e 4 de traduções. Os escritos se propõem a uma elaboração aprofundada de questões pré-carcerárias, analisando temáticas que transitam do campo das ciências humanas e sociais às ciências em geral. Destacam-se os *Cadernos miscelâneos* (*Quaderni miscellanea*), compostos por temas variados, comentários e levantamento de questões; os *Cadernos especiais* (*Quaderni specialli*), cujas temáticas tiveram sua finalização ainda no período carcerário. Compõem seus escritos as *Cartas do cárcere* (*Lettere dal carcere*), elaboradas na prisão entre 1926 e 1935, as quais devem ser lidas como parte de sua obra, em função das datações e também de temáticas, projetos e outras questões envolvidas no conjunto de sua vida.

Sua obra traz análises profundas para compreender as razões da derrota do movimento comunista italiano do início do século XX, para o desenvolvimento da *filosofia da práxis* e na interpretação da realidade em que viveu, "lançando luzes" para a compreensão das complexas relações sociais e suas implicações para a vida dos trabalhadores. Viveu e escreveu diante de fenômenos específicos da realidade nacional e internacional, tais como a Primeira Guerra Mundial (1914-1918), a Revolução Russa (1917), e o Fascismo italiano (1924-1943). Sua perspectiva crítica o impele a se perguntar sobre o modo como se organiza a sociedade liberal e sobre sua capacidade de criar adesão e distensões nas realidades nacionais; sobre a possibilidade da tradução da Revolução Russa em outras realidades nacionais; e, sobretudo a responder à pergunta sobre as razões que impossibilitaram a Revolução Comunista Italiana, apesar da deterioração do regime liberal após a Primeira Guerra.

As edições de suas obras em língua italiana passaram por ao menos três momentos, dentre as quais a edição temática de 1948-1951, coordenada por Palmiro Togliatti; a edição crítica de 1975, coordenada por Valentino Gerratana; e uma edição nacional iniciada em 2000, ainda em andamento, coordenada por Gianni Francioni.

Na década de 1960, no Brasil, parte dos seus escritos foram editados sob a coordenação da Editora Civilização Brasileira, aos cuidados de Enio Silveira, seu diretor e "notável homem público [...] e sob a curadoria dos não menos notáveis Carlos Nelson Coutinho, Leandro Konder e Luiz Mario Gazzaneo" (VIANNA, 2014, p. 9). Em 1966 são traduzidos *Il Materialismo storico e la filosofia de Benedetto Croce* com o título de *Concepção dialética da história* e um volume das *Cartas do cárcere*, contendo uma seleção das remissivas editadas por Caprioglio-Fubini (1965), na Itália. Em 1968, traduziram os livros *Intelectuais e a organização da cultura*; *Maquiavel, a política e o Estado moderno*; uma seleção de *Literatura e vida nacional;* e uma antologia das *Cartas do cárcere*. Ficaram sem edição *Il Risorgimento* e *Passato e presente*, que só serão contemplados posteriormente. De acordo com Coutinho (1999), essas primeiras traduções tiveram como referência a obra em língua italiana, conhecida como edição temática de Togliatti, a única disponível naquele momento.

A nova edição iniciada em 1999, coordenada e também traduzida por Carlos Nelson Coutinho, Luiz Sérgio Henriques e Marco Aurélio Nogueira, reuniu elementos das edições temática e da crítica, incorporando contribuições da edição norte-americana, sob os cuidados de Joseph Buttigieg e da edição nacional italiana dos *Quaderni*. Entre 1999 e 2005, foram editados em língua portuguesa seis volumes dos *Cadernos do cárcere*, dois volumes das *Cartas do cárcere*, com 478 remissivas e dois volumes dos escritos políticos, relativos ao período pré-carcerário, todos pela Civilização Brasileira. Desse modo, mesmo que tardiamente, a obra gramsciana chegou ao Brasil contendo as dificuldades da primeira edição e as escolhas para a confecção da segunda versão. Temos hoje a possibilidade de acesso à totalidade dos *Quaderni del carcere* e à quase totalidade da obra de Gramsci. Atualmente, está em andamento pela International Gramsci Society – IGS/Brasil uma nova edição em português seguindo a versão de Valentino Gerratana de 1975, conforme a ordem temporal dos escritos dos *Quaderni*.

Sobre as *Cartas do cárcere*, a primeira edição foi de 1947, contendo 218 remissivas, sendo ainda limitada por conta das escolhas do PSI. Uma nova edição saiu no ano de 1964, pela Editora Einaudi, sob cuidados de Caprioglio e Fubini, contendo 428 remissivas. Em 1996, reeditada com atualizações e ampliações, sob os cuidados de Antonio Santucci, contendo 478 remissivas. No ano de 2020, tivemos uma nova edição italiana, coordenada por Francesco Giasi, contendo 489 remissivas, sendo 22 inéditas e 22 documentos apensados. Foram realizados uma série de correções e de ajustes considerando as originais, o que tornam ainda mais atual o acervo para a compreensão do conjunto do pensamento gramsciano (LIGUORI, 2020).

Seguindo adiante com algumas das mais importantes lições/concepções de Gramsci, advertimos ao leitor que qualquer destaque das categorias do seu contexto e de uma visão de conjunto da obra implicaria incompreensões e/ou distorções sobre a exatidão do seu pensamento. Sendo assim, as lições/concepções aqui destacadas não suprimem a importância de outras partes da obra desenvolvidas ao longo de sua vida. Cabe também a explicação de que a forma peculiar dos escritos de Gramsci exige o cuidado para entender o momento/datação do escrito, contexto, as revisões nos casos dos textos A (versão primeira), C (versão revisada) e B (versão definitiva), o método de escrita e as próprias condições em que Gramsci escrevia, acompanhado por vezes por crises de saúde, falta de materiais e dificuldades burocráticas. De outro lado, seu modo e condições de escrita inspiram seus leitores e intérpretes até hoje, como assinala Giorgio Baratta, "O método de

Gramsci é um zigue-zague provavelmente irrepetível (estou falando de uma questão de *stile*) que, no entanto, exerce sobre nós, interlocutores tardios de seus monólogos com vocação dialógica, a força e a atração de um modelo" (BARATTA 2010, p. 35).

Buscaremos tratar todas as concepções a partir do que Gramsci quis comunicar e, ao mesmo tempo, garantir o inteiro teor dos seus significados já consagrados na tradição dos estudos sobre ele. Utilizaremos o modelo de citação autor-data para as literaturas de comentadores, e para as obras originais (*Quaderni e Lettere*) o modelo padrão consagrado Q = Quaderni; § = parágrafo, p. = página (ex.: Q 1, § 38, p. 27) e LdC (*Lettere del carcere*), seguido do número da carta e da página da edição (ex. LdC, 459, p. 801-802). As traduções do italiano e do espanhol são de responsabilidade desta autoria, que se utilizou dos textos originais e de comentadores.

Segunda lição

Hegemonia, o equilíbrio entre o consenso e a coerção

Gramsci é um admirador de Lenin[5] não por acaso, mas pela sua potente capacidade intelectual de compreender as contradições do seu tempo a partir de uma realidade nacional própria, com profundas desigualdades político-sociais, econômicas e culturais. Na abordagem de Losurdo (2011, p. 273-274), Gramsci

> enfrenta pela primeira vez, e com maior coerência, o problema da hegemonia (cuja solução é essencial para a vitória da revolução socialista também no Ocidente) de Lenin. O nível mais avançado conseguido pelo marxismo é, para Gramsci, o revolucionário russo, não

---

5. Vladimir Ilich Ulyanov – nascido em Gorky, Rússia, em 1870, faleceu em Gorky, em 1924 –, importante liderança da Revolução Russa, intelectual, escritor, com suas ideias ajudou a propagar o comunismo em dimensão internacional.

os famosos filósofos europeus como Lukács ou Korsch, Bloch ou Adorno.

A hegemonia é discutida por Gramsci já no *Quaderni 1*, iniciado em 1929, num plano mais geral, e é retomado mais adiante, ao tratar da *questão meridional italiana* (1934-1935), em que aborda as disparidades sociais e econômicas entre norte e sul e a necessidade da aliança entre operários do norte e camponeses do sul na construção de uma nova hegemonia. Giuseppe Cóspito (2004, p. 74) comenta que todos os grandes temas foram abordados nesse *Quaderni*, dentre eles o da hegemonia como uma espécie de "explosão" reflexiva representada pelas notas teóricas dedicadas ao *Risorgimento* como "revolução sem revolução"[6]; e, sobretudo, pelo

---

6. *Risorgimento* é o termo utilizado para explicar o processo de unificação italiana, ocorrido no séc. XIX (1815-1870), sob a liderança do Reino Sardo-piemontês. O processo é dividido, segundo Gramsci, em três fases: de 1815 a 1847 – com a ascendência da ideologia liberal-nacionalista; de 1847 a 1849 – desenvolvimento de diversos movimentos republicanos, de curta duração; de 1850 a 1861 – Afirmação do Partido Moderado, sob o comando do Rei Vitor Emanuel II e a liderança do Primeiro Ministro Camillo Benso de Cavour, Conde Cavour da Casa de Savoia. O Partido Moderado exerceu forte influência intelectual no Partido da Ação, liderados por Giuseppe Mazzini (1815-1850) e Giuseppe Garibaldi (1850-1861), a tal ponto que estes não conseguiram representar a antítese no processo histórico, permitindo que a revolução se desse de modo

entendimento da hegemonia como "hegemonia política" (Q 1, § 44, p. 41), compreendida no amplo aspecto, indo da economia, passando pela literatura, religião, às dimensões políticas e econômicas.

Destacamos uma passagem que coloca o critério sobre o qual se deve analisar a questão da hegemonia:

> O critério político-histórico sobre o qual se necessita fundar a pesquisa é o seguinte: que uma classe é dominante de dois modos, ou seja, é "dirigente" e "dominante". É dirigente das classes aliadas, e dominante das classes adversárias. Portanto, uma classe já antes de entrar no poder pode ser "dirigente" (e deve sê-lo): quando no poder, ele se torna dominante, mas continua a ser também "dirigente" [...]. Pode e deve haver uma "hegemonia política" antes mesmo de ir ao governo e não devemos confiar apenas no poder e na força material que ela confere para exercer liderança política ou hegemonia (Q 1, § 44, p. 41).

"passivo". O processo de domínio das regiões da Península Italiana se desenvolve até 1861, quando Vitor Emanuel II se autoproclama Rei da Itália. Em 1870 Roma é dominada e a unificação é completa.

Nesta mesma nota, Gramsci irá desenvolver a compreensão de que a classe dirigente exerce um papel "intelectual"; isto é, dirige os grupos sob seu comando e é dominante sobre os adversários. O Partido Moderado, diferente do Partido da Ação, no caso do *Risorgimento*, exerceu o papel de intelectual no processo da unificação italiana, ao modo "espontâneo", sem um plano mais orgânico; "eles eram intelectuais e organizadores políticos, e lideraram os grandes proprietários-administradores de terra, empreendedores comerciais e industriais etc." (idem). Isso revela que o critério de pesquisa histórico-político é o de que não existe uma classe sem intelectuais, e que estes, pertencentes à classe historicamente progressiva, exercem o poder de atração nos outros grupos de intelectuais, solidificando os laços de solidariedade numa certa unidade de classe. O Partido da Ação, no entanto, será considerado muito retórico e difuso, pois confundia unidade cultural com unidade política e territorial, dificultando-o em se tornar hegemônico, no sentido da unidade de classe.

Nesse mesmo parágrafo, Gramsci levanta duas questões relacionadas à hegemonia. Uma, diz respeito aos processos de absorção molecular ou de grupos inteiros dos intelectuais de classes que não pertencem ao grupo "dirigente", expressos pela categoria *transformismo*. Esse fenômeno se desenvolve no campo das revoluções passivas, como o do *Risorgimento*, e é uma tendência que pode ser observada nas práticas políticas de outras nações. E a segunda diz respeito à hegemonia produzida "pelo alto", ou seja, coordenada pelos grupos historicamente dominantes e também responsáveis pela "crise de hegemonia", mas que retornam ao domínio por outras vias, também mediada pelo consenso de parte das classes subalternas.

Em seguida, no *Quaderni 4*, Gramsci tratará da questão do Estado a partir do problema da estrutura e superestrutura, em que apresenta a questão central do materialismo histórico, aquela que diz respeito aos dois elementos de orientação: "1º) o princípio de que 'nenhuma sociedade se coloca tarefas para cuja solução ainda não existam as condições necessárias e suficientes '[ou se estas não estão em desenvolvimento aparente]' e 2º) que 'nenhuma sociedade cai se não tiver realizado anteriormente todas as formas de vida implícitas em seus relacionamentos'" (Q 4, § 38, p. 455). Na continuidade da exposição sobre esses dois critérios, Gramsci observará o processo da hegemonia como um dado profundamente histórico, e que não pode ser confundido com fenômenos espontâneos bem como com fenômenos permanentes. Isto é, as condições para a hegemonia são alcançadas na articulação de três elementos fundamentais: o econômico, o político e o militar, condições sob as quais incorrem um conjunto de "relações de forças". No primeiro elemento, colocam-se as questões objetivas, do desenvolvimento das forças produtivas e seus desdobramentos nos diversos agrupamentos sociais; no segundo, considera-se o processo de alcance da consciência política que supera tanto a consciência individual quanto a corporativa (de unidade apenas no campo econômico), atingindo uma dimensão internacional; no terceiro, sobre as "forças militares", ele deve ser compreendido em duas dimensões: a estritamente técnica, pela capacidade do domínio das armas, da incorporação da ciência no processo de domínio e controle do território; e outra, na dimensão "político militar", ou seja, incorporando dimensões do consenso e do domínio na construção da hegemonia.

Portanto, a hegemonia em Gramsci é sempre política e econômica, na medida em que as classes fundamentais afirmam sua capacidade de produzir os agrupamentos sociais politicamente ancorados em determinada base material. Nessa direção, os grupos sociais, originados sobre uma base material, produzem os seus intelectuais, que conduzem a unidade de consciência aos grupos no campo econômico e social, organizando e mediando as relações de consenso e coerção.

A luta pela hegemonia se dará na sociedade civil, onde as disputas das ideias e espaços se desenvolverão (Q 4, § 46, p. 473). Gramsci dá sequência a essa ideia (no Q 6, § 24, p. 406 e no Q 7, § 83, p. 914) nos aspectos da hegemonia e a divisão de poderes e da "opinião pública" estritamente ligada à "hegemonia política", sendo este o ponto de ligação entre a sociedade política e civil. Ele ainda irá traçar (no mesmo Q 7, § 9, p. 587) uma definição distinta da concepção idealista de hegemonia, vinculada exclusivamente aos domínios do "Estado", entendido tão somente como "sociedade política", tornando a "sociedade civil" apenas polo passivo. Trata da concepção de Estado integral, no qual a hegemonia se apresenta no modo da *filosofia da práxis*, isto é, unidade da sociedade política e civil.

A versão idealista de Estado é tratada pelo historiador Benedetto Croce[7], cujo enfoque da

---

7. Benedetto Croce (1866-1952) historiador italiano, escritor de um conjunto de obras nos campos ético, estético, filosófico e histórico. Dedicou-se a analisar a história a partir da perspectiva liberal-idealista, sustentada nas relações de poderes entre os indivíduos e instituições. Influenciou Gramsci nas

história é posto como iniciativa estatal-governamental, marginalizando a "sociedade civil". Gramsci denunciará que essa concepção estava muito mais aderente ao modelo fascista de política do que ao modelo integral de Estado. A hegemonia como capacidade de criar uma "nova cultura" está diretamente relacionada com o conceito de "Estado integral", e "sociedade regulada" (Q 6, § 88, p. 763-764), numa linha de superação do Estado coercitivo "guarda-noturno" concentrado na força, como se anunciava no regime fascista[8].

No decorrer do *Quaderni 5* colocará a questão do moderno Príncipe de Maquiavel e a fun-

---

leituras da realidade italiana, sendo um importante interlocutor para os escritos dos *Quaderni*.

8. Regime político em que o Estado se baseia na concentração de poderes no/do "soberano", destituição das mediações políticas como congresso e justiça, vínculos estreitos entre o soberano e a população e um acordo das classes dominantes no sentido da manutenção dos seus privilégios, e pequenas concessões às classes subalternas sem que isso permita qualquer revolução nacional-popular. Resultou da ascensão ao poder, em 1922, de Benito Mussolini (1883-1945), então convidado pelo Rei Vitor Emanuel III ao cargo de 1º Ministro de Estado. Ele assume com o apoio dos grupos de direita que se uniram no movimento "Marcha sobre Roma" que já vinham se unificando desde a Primeira Grande Guerra por meio dos grupos fascistas, também fundadores do Partido Nacional Fascista (1921). Impôs uma autocracia que durou até 1943. Morto em 1945 pelo movimento antifascista italiano. O fascismo foi o responsável pela prisão de Gramsci entre 1926 e 1937.

ção hegemônica expressa agora no partido político moderno; tratará das dimensões da sociedade civil e política na formação dos intelectuais italianos; e também observará que há uma tendência de a Igreja afirmar-se como força interna nacional escolhendo os seus intelectuais. Essa capacidade da Igreja a permite manter-se como instituição hierárquica, confessional e com "certa autonomia" diante das diversas monarquias europeias e dos desdobramentos do *Risorgimento*. Nesse sentido, Gramsci vai aperfeiçoando o conceito de hegemonia, como destacamos na passagem a seguir:

> No desenvolvimento de uma classe nacional, paralelamente ao processo de sua formação no campo econômico, é necessário levar em conta o desenvolvimento paralelo em bases ideológicas, jurídicas, religiosas, intelectuais, filosóficas etc.: deve-se dizer que não há desenvolvimento no campo econômico sem esses outros desenvolvimentos paralelos. Mas todo movimento da "tese" leva a movimentos da "antítese" e [portanto] à "síntese" parcial e provisória (Q 6, § 200, p. 839-840).

Lenin, ao qual Gramsci deve sua inspiração em sua abordagem inicial do conceito de hegemonia, a enfoca mais no aspecto da política, porém, ao longo do pós-Primeira Guerra, avança para uma compreensão mais abrangente. Lenin motivou Gramsci a incorporar essa abordagem em suas análises, articulando-a à perspectiva da *filosofia da práxis* como concepção de mundo: "Mencionei em outro lugar a importância filosófica do conceito e o fato da hegemonia, devido a Ilich. A hegemonia realizada significa a crítica real de uma filosofia, sua verdadeira dialética" (Q 7, § 33, p. 882).

Gramsci, incorporando as experiências do fascismo, do III Congresso do PCI de 1926 em Lyon[9], da Internacional Comunista – IC[10] e do

---

9. Por ocasião do III Congresso Nacional do Partido Comunista Italiano – PCI, ocorrido na cidade de Lyon, França, o grupo liderado por Gramsci vence o debate e incorpora as famosas teses de Lyon, as quais buscam configurar um programa do partido compostas essencialmente por dois eixos: o primeiro, voltado à realidade nacional italiana com acento na questão norte/industrializado e sul/agrícola, e o segundo, que tratava dos elementos para a compreensão histórica do Movimento Proletariado Revolucionário.

10. A III Internacional Comunista foi inaugurada em 3 de março de 1919, por esforços de Lenin e o grupo dos revolucionários russos, tendo a vitória bolchevique como marco definidor desta nova fase. As teses da internacionalização comunista influenciarão o grupo de Gramsci na Itália. A I Internacional remonta à criação da Associação Internacional dos Trabalhadores – AIT em 1864, por Karl Marx, agregando diversas organizações de trabalhadores europeus, durante até 1876. Foi retomada como II Internacional em 1889, na Comuna de Paris, agregando diversos grupos operários se estendendo até

cárcere[11], aprimorará a categoria que podemos *grosso modo* definir como o exercício de poder realizado por uma determinada classe.

É importante compreender que ele fala em hegemonia burguesa inicialmente, ou seja, de como determinados grupos produzem o consenso e se utilizam da coerção quando necessária para o exercício da dominância. Mas a questão fundamental deste conceito, que, para o conjunto dos estudiosos é uma "chave central" na compreensão do pensamento do autor, é que uma outra hegemonia se faria a partir de baixo, mediada pela cultura em perspectiva nacional-popular. Os intelectuais orgânicos se construiriam a partir das lutas dos trabalhadores, produzindo uma consciência renovada da política, da economia, da vida, da arte, portanto sem domínio e opressão, mas estabelecidas em novas relações de poderes num Estado integral. A hegemonia não se define como a tomada de poder por determinado partido, mas com a condição da pro-

---

1914. Com as divergências internas e a eclosão da Primeira Guerra, iniciam-se os debates sobre a III Internacional liderada pelo Movimento Revolucionário Russo.

11. Das experiências de Gramsci no cárcere, teremos como relatos os próprios *Quaderni* e as *Lettere* que permitirão reconstituir sua trajetória intelectual, seus dramas, a luta pela saúde e o seu esforço por deixar um legado intelectual como instrumento revolucionário aos subalternos.

dução de uma cultura mais avançada, em que o senso comum não seria mais o fragmentário, alimentado pela sociedade burguesa, mas outro mais elevado, capaz de incidir sobre as diversas dimensões sociais. Desse modo, a hegemonia é produzida num longo processo histórico, no exercício de poder via cultura.

Uma das investidas da III Internacional Comunista, entre 1919 e 1920, conhecida como *biennio rosso*, se deu por meio dos Conselhos de Fábrica – CF, organização liderada por Gramsci. Ele compreendia que novas relações de poder e de consciência precisavam adentrar o campo da produção e imprimir movimentos culturais capazes de sustentar novas relações de trabalho, baseadas nos princípios do comunismo. Logo, a hegemonia no sentido posto por Gramsci nasce das classes subalternas que exercitam novas relações de trabalho, novas relações culturais numa perspectiva de superação da velha ordem burguesa. Esse movimento alcança dimensões culturais amplas de modo a concretizar o poder antes da conquista do Estado propriamente.

Como defende Buttigieg (1998, p. 14), a hegemonia não surge de teorias abstratas ou gerais, elaboradas por "intelectuais profissionais", mas das relações/condições particulares da vida subalterna florescendo numa perspectiva mais avançada: "Na verdade, estabelecem-se complexas redes de relações entre estas particularidades, e estas, por sua vez, dão origem a conceitos gerais e teorias – a mais famosa das quais é a da 'hegemonia'".

A hegemonia é a passagem para além da fase corporativa indo para o desenvolvimento das dimensões superestruturais (sociedade civil e sociedade política). Gramsci, no *Quaderni 4*, comenta, considerando as observações de Rosa Luxemburgo (1871-1919)[12] sobre as questões de determinadas condições solicitadas pela *filosofia da práxis* para a produção da hegemonia:

> Da fase corporativa à fase da hegemonia na sociedade civil (ou a luta pela hegemonia), a fase do estado corresponde às atividades intelectuais específicas, que não podem ser improvisadas arbitrariamente. Na fase da luta pela hegemonia, a ciência da política se desenvolve; na fase estatal, todas as superestruturas devem se desenvolver, sob pena da dissolução do Estado (Q 4, § 46, p. 473).

---

12. Marxista polonesa, naturalizada alemã, filósofa, economista e ativista contra a primeira guerra mundial. Deu sua contribuição ao pensamento crítico em diversas obras, com destaque à *Reforma ou Revolução? Greves de massas partidos e sindicatos*, *O Folheto de Junius* e *A Revolução Russa*.

No Q 10 II, § 6, p. 1.245, definirá o conceito de "hegemonia cultural" que, numa perspectiva integral, significa também hegemonia política. As formas do conceito expressas por Gramsci foram "hegemonia político-cultural" ou "político-intelectual". No desenvolvimento do conceito de intelectual, que culmina no Q 12, § 1, p. 1.516, com a definição "todos os homens são intelectuais", mesmo que "nem todos os homens tenham na sociedade a função de intelectuais", estabelece a função destes como "preposto" ou "funcionário" no processo da hegemonia. Os intelectuais não realizam o comando, mas desempenham as funções subalternas da hegemonia dos grupos dominantes na sociedade civil. Acompanha também uma concepção mais "elástica" de intelectuais nessas funções, exatamente pelas novas características do desenvolvimento econômico e social, sendo compreendidos como "profissionais", inclusos os vinculados à fábrica moderna (novas profissões etc.). O estudo dos intelectuais colocará também a necessidade da análise das funções destes grupos exercidas pelos aparelhos hegemônicos da sociedade civil tais como imprensa, escola, igreja, e outras, cumprindo também uma função hegemônica, de onde depreende-se que: "toda relação de hegemonia é necessariamente uma relação pedagógica" (Q 10 II, § 44, p. 1.331).

Um grupo social que pretenda unificar uma determinada sociedade não pode prescindir do papel dos intelectuais, especialmente mediados pela sociedade política e pela sociedade civil e também pela categoria dos "intelectuais preexistentes", chamados de tradicionais (Q 4, § 49, p. 474-476). Nessa hegemonia, a estratégia de guerra de movimento expressa pelo conceito de "revolução permanente"[13] já não caberia mais, considerando a complexificação da sociedade, exigindo, portanto, uma outra estratégia, a "guerra de posição", expressa agora pelo conceito de hegemonia civil (Q 8, § 52, p. 973).

Gramsci atentará para o papel do moderno "Príncipe", o partido, que no desenvolvimento dos Estados modernos exercerá a direção via consenso e coerção, articulando as diversas dimensões dos interesses, em equilíbrio com a sociedade política. Demonstra também o caráter

---

13. Fórmula desenvolvida por Karl Marx e Friedrich Engels e depois atualizada por Leon Trotsky (1879-1940). Significa o processo de mobilização permanente, de guerra de movimento típico dos jacobinos durante o estabelecimento e afirmação dos estados burgueses no período da Revolução Francesa. Gramsci questiona a atualização feita por Trotsky ao ver nela a fórmula para a internacionalização da Revolução Russa. Observa que dado o desenvolvimento dos estados nacionais e da sociedade civil o processo revolucionário precisava de uma concepção de hegemonia civil por meio da guerra de posição, disputa de hegemonia no terreno cultural.

democrático de uma nova hegemonia, constituindo-se um vínculo aprofundado entre as dimensões da sociedade política e civil, "entre o grupo dirigente e os grupos dirigidos", como explica no Q 8, § 191, p. 1.056. Ao mesmo tempo em que busca fazer os nexos entre o nacional e o internacional, inspirado na Revolução Russa, compreende que a hegemonia parte do caráter nacional, articulando as diversas exigências de uma perspectiva revolucionária "nacional-popular", de vocação internacional. A hegemonia, portanto, se desenvolve nas várias dimensões, e nos diversos momentos: ideológico, político, econômico e militar, numa relação dialética de tese, síntese e antítese, não assimiláveis pelas noções mecânicas de uma certa interpretação, onde pretensamente cada expressão do campo econômico teria seu "epifenômeno" no campo político, mas como momentos de construção da hegemonia. Ao mesmo tempo em que Gramsci aponta os limites das democracias "formais" modernas/burguesas que não teriam alcançado um estágio de desenvolvimento do "Estado integral", irá promover a tese da hegemonia para além do sistema parlamentar, diante de regimes autoritários (referência ao fascismo) e momentos ainda econômico-corporativos (referências aos Estados Unidos no início do séc. XX).

As perspectivas hegemônicas cultivadas por Gramsci mobilizaram ao longo do século XX uma série de movimentos emancipatórios na América Latina e no Brasil. Expressões teórico-práticas para a superação das condições da subalternidade também são tratadas em autores como José Carlos Mariategui (1894-1930), Juan Carlos Portantiero (1934-2007), José Aricó (1931-1991), Carlos Nelson Coutinho (1943-2012), Florestan Fernandes (1920-1995), Octavio Ianni (1926-2004), Leandro Konder (1936-2014), Nelson Werneck Sodré (1911-1999), Álvaro Vieira Pinto (1909-1987), dentre outros. Em movimentos de lutas populares, organizações estudantis, sindicais, Movimento Sem Terra – MST, observam-se as expressões singulares de mobilizações e de organizações da sociedade civil compreendidas pelo conceito de hegemonia. O conceito é atual e uma importante chave para leitura da realidade contemporânea, sobretudo neste período de crise orgânica do sistema capitalista.

Trataremos a seguir de um dos temas mais fundamentais do pensamento gramsciano, o do Estado Integral, cuja complexidade determina o terreno mais avançado da sociabilidade humana. É no intento da construção deste Estado que convergem todos os esforços da luta revolucionária e a busca da formação de uma nova cultura.

Terceira lição

Sociedade civil e sociedade política: o Estado integral

O conceito de Estado integral revela o nexo unidade-distinção entre os dois planos superestruturais, Estado e Sociedade Civil, porém a distinção deve ser entendida apenas do ponto de vista metodológico, uma vez que Gramsci não adere à ideia de uma distinção orgânica. Para Gramsci o "erro teórico" produzido pelo pensamento liberal se assenta exatamente sobre a "distinção orgânica" entre sociedade política e sociedade civil, onde as atividades econômicas lhe seriam próprias.

Gramsci resgata a tríade que envolve economia, sociedade civil e Estado, da seguinte forma: "a relação entre intelectuais e a produção não é imediata, como é o caso dos grupos sociais fundamentais, mas é mediada por dois tipos de organizações sociais: a) pela sociedade civil – ou seja, pelo conjunto de organismos designados privados; b) pelo Estado" (Q 4, § 49,

p. 476). Faz-se a distinção entre as duas dimensões, a econômica/sociedade civil e o Estado, distinção que também se dá no Q 10 II, § 15, p. 1.253: "Entre a estrutura econômica e o Estado com sua própria legislação e sua coerção encontra-se a sociedade civil". O importante é que se compreenda que não são distinções orgânicas, tanto a da superestrutura com a estrutura (economia e política) quanto a da sociedade civil e o Estado, mas metodológicas, porque marcadas pelas relações dialéticas que mantêm ao mesmo tempo a especificidade e a unidade das diversas dimensões.

O enfoque de Gramsci sobre a estrutura e superestrutura também se deve aos eventos da Primeira Guerra Mundial e à Crise de 1929, onde as relações entre a política e a economia são cada vez mais próximas. "Portanto, para Gramsci, não há dúvida de que o modo de produção capitalista tem na economia o seu 'primeiro motor'" (LIGUORI, 2003, p. 177).

Se, de um lado, o avanço dos dois "planos superestruturais" se identifica e se distingue numa dialética permanente como sociedade política e sociedade civil, ou seja, de uma unidade na diversidade, também o contrário é verdadeiro. Enquanto a sociedade burguesa, no seu momento "revolucionário", faz avançar os aspectos democráticos no rompimento com a sociedade medieval, na Primeira Guerra Mundial ela, porém, demonstra uma nova crise estrutural, permitindo que a dimensão da força se imponha como mecanismo da manutenção dos grupos dominantes.

De outro lado, Gramsci observa que nos estados modernos novas relações de consenso se desenvolveram na construção da hegemonia, tendo como uma de suas frentes as "revoluções-restaurações" ou "revoluções passivas". O caso da "Revolução Bolchevique" foi uma exceção no contexto do século XX, abrindo uma nova forma de organização para os estados nacionais e para o internacionalismo revolucionário.

O consenso anda lado a lado com a coerção, relembrando o velho esquema do Quiron de Maquiavel[14]. A combinação de força e consenso compõe a dinâmica das sociedades modernas em equilíbrio. Toda hegemonia perma-

---

14. O Quiron é originário da mitologia grega, um tipo de centauro composto por metade cavalo, metade humano. A imagem de Quiron como preceptor de Aquiles, que o aconselhava sobre a necessidade de saber usar a força e a inteligência, é recuperada por Maquiavel como uma das características do príncipe. Saber dosar a violência e a astúcia seria uma forma necessária para a manutenção e unificação dos estados em Maquiavel. Gramsci incorporará esta imagem para as análises do Estado, nas duas grandes dimensões superestruturais: sociedade civil, representando o consenso, e a sociedade política, a força e a coerção.

necerá até o momento em que o consenso – isto é, as dimensões expressas na sociedade civil pelos "aparelhos privados" – mantiver o equilíbrio. No momento em que a força/coerção for maior, não há mais hegemonia.

Neste debate sobre a sociedade civil e a sociedade política, Gramsci introduz discussões tratando do tema dos intelectuais e suas funções no campo hegemônico. Uma vez que na sociedade civil se desenvolveriam as dimensões "privadas de hegemonia", isto é, todas as formas de organizações sindicais, sociais e culturais, aqui se localizariam os intelectuais, mediando as relações com as classes políticas e o mundo econômico. Portanto, ao falar desta relação de hegemonia entre o Estado e a sociedade civil, Gramsci o faz permitindo o surgimento de um novo conceito, o Estado ampliado/integral que pode assim ser descrito: "Estado = sociedade civil e sociedade política couraçada de coerção" (Q 8, § 88, p. 763-764). Uma vez que o político e o econômico se vinculam estreitamente como expressões diversas de campos distintos e idênticos, os Estados constituem relações de aproximações e distanciamentos com vistas à hegemonia do grupo dominante. Distinguem-se também as diferenças entre ser dirigente e ser dominante. No primeiro caso, trata-se de dirigir os grupos aos quais se vincula, enquanto a dominância se concretizaria no momento em que determinado grupo assume o aparato burocrático/coercitivo do Estado, ampliando o governo sobre os demais grupos sociais. Mesmo depois de chegar à dominância é preciso continuar sendo dirigente no sentido do equilíbrio entre a coerção e o consenso, entre o burocrático e os órgãos "privados", portanto na produção da hegemonia.

O desenvolvimento da concepção de Estado integral em Gramsci se dá a partir da existência de dois estados com realidades e condições diferentes: o fascista/Itália e o revolucionário/Rússia. Buscava combater o pensamento liberal, especialmente representado por Benedetto Croce e Giovanni Gentile[15]. O primeiro, por ana-

---

15. Giovanni Gentile nasceu em 1875, Itália; morreu em 1944, Itália; foi filósofo, político e educador. Destacou-se pelas posições neoidealistas hegelianas na obra *Teoria generale dello spiritu come atto puro* (1916), dedicada a Benedetto Croce. Tomou parte do governo fascista de Benito Mussolini (1922-1943) exercendo o cargo de ministro da Instrução Pública de 1922 a 1925. Na função de ministro procedeu reformas profundas no campo educacional acompanhando as tendências do industrialismo ajustando os currículos escolares e a estrutura do ensino público italiano. Esta reforma foi objeto de crítica de Gramsci no *Quaderni* 12, ao aprofundar a diferenciação escolar para os alunos de diferentes classes sociais. Em nome da modernização dos currículos, Gentile procede uma reforma que reduz a formação integral e humanista na escola, tornando a formação técnica o único caminho para os filhos de trabalhadores.

lisar as relações entre sociedade civil e política como dimensões separadas, não idênticas, e Gentile, que via uma unidade indistinguível entre ambas. O fato de a sociedade civil se identificar com a sociedade política, sofrendo influências e influindo-se reciprocamente, não lhes faz "a mesma coisa", mas coisas distintas; ou seja, dialeticamente vinculadas e relacionadas como uma unidade diversa.

A perspectiva dialética de Gramsci lhe permite o combate à concepção liberal da sociedade civil por reforçar o Estado burguês (AZZARÀ, 2020). Seu afastamento das perspectivas hegelianas e neoidealistas foi expresso nas críticas às posições tanto de Croce quanto de Gentile. Do primeiro por "assimilar completamente o conceito universal de homem, no qual não era possível pensar a dignidade humana [...]", e a rejeição do "ativismo de Gentile", visto como "uma forma de fetichismo [...], um ultrassubjetivismo vazio e pronto a subsumir e idealizar, sob o conceito de ato puro, toda forma de práxis" (AZZARÀ, 2020, p. 384).

Gramsci compreende também que a sociedade burguesa deva ser superada na medida em que a crítica das velhas estruturas ocorrerem por meio das lutas historicamente estabelecidas contra as dimensões dominantes e opressivas da sociedade política e sua clivagem realizada em relação à sociedade civil. Sua perspectiva se ancora em Marx quando fala do potencial da *filosofia da práxis* para possibilitar o "Estado integral": "Marx inicia intelectualmente uma era histórica que provavelmente durará séculos, isto é, até o desaparecimento da sociedade política e o advento da sociedade regulada" (Q 7, § 33, p. 882).

Tendo em vista as interpretações positivistas e cientificistas do marxismo que ao final tornam a *filosofia da práxis* refém do método das ciências naturais, decretando a morte da dialética, segundo Losurdo (2006, p. 245), Gramsci efetua uma releitura do "materialismo histórico até configurá-lo como a única filosofia capaz de autorreflexão ou em posição capaz de elevar-se a ela". E a passagem para uma "sociedade regulada" implicaria o confronto com as ideologias liberais, confronto que se dá com as classes subalternas incorporando e produzindo uma nova mentalidade, capaz de superar as contradições que as sustentam.

Por mais que o Estado burguês, por meio de seus aparatos, seja o centro do poder da dominação e do monopólio da violência, não necessariamente o encerramento destes aparatos compreenderá o que Gramsci entende como

Estado integral. A sociedade civil também está sujeita à violência, à dominação, à opressão, tal qual se observou no fascismo, no nazismo no expansionismo norte-americano da sociedade civil branca, e em outras situações.

Para Losurdo (2006), quando Gramsci interpõe o conceito de Estado integral, ele está prevendo o Estado sem opressão e não uma sociedade sem Estado ou muito menos uma dissolução do Estado/política na sociedade civil. Ao contrário, é a política como dimensão de classe assumindo a hegemonia na forma de Estado integral, mediando o processo da reprodução e produção da sociedade.

Gramsci nunca falou sobre a dissolução da questão nacional, ao contrário, somente a partir da condição dos estados nacionais será possível o avanço para o comunismo internacional. Esta perspectiva foi buscada em Lenin, que era um profundo conhecedor da realidade russa e incorporada e atualizada nas teses gramscianas a partir da realidade nacional italiana. De acordo com Losurdo (2015, arquivo digital), "A sociedade civil é, em si mesma, uma forma de Estado. Eu enfatizo: a sociedade civil é em si mesma uma forma de Estado. Além disso, Gramsci diz que a sociedade civil e o Estado se identificam".

Por isso há uma grande diferença entre a construção do Estado integral e a simples destruição da sociedade burguesa, o que significa dizer, de acordo com Losurdo (2011, p. 215), que "fazer coincidir o fim do domínio burguês com o fim do Estado enquanto tal é uma forma de mecanicismo que transforma as instituições políticas em uma simples superestrutura da economia". Gramsci nunca defendeu um Estado centralizado e totalitário, apesar de a URSS ter se tornado assim depois das investidas do governo de Joseph Stalin (1927-1953), de forma equivocada e sem um plano de superação deste pela promoção e o desenvolvimento da sociedade civil mais "ocidental."

Um conceito determinante para a compreensão das relações entre a sociedade civil e a sociedade política é sintetizado por Gramsci na fórmula "Oriente/Ocidente", "No oriente o Estado era tudo, a sociedade civil era primordial e gelatinosa; no ocidente entre o Estado e a sociedade civil havia uma justa relação e ao oscilar o Estado podia-se constatar uma robusta estrutura da sociedade civil" (Q 7, § 16, p. 866). Buttigieg (2020), ao comentar esta passagem, lembra que Gramsci o fez para expressar as diferenças entre as sociedades mais complexas e as menos complexas, de um modo aberto, isto é, prescindindo sempre das devidas aproximações às realidades analisadas. O autor observa que a utilização do conceito gramsciano de sociedade civil se deu de diversas formas e em contextos tão diferentes contribuindo para confundir seu sentido original. Um primeiro grande problema na interpretação liberal aparece na separação entre Estado e sociedade civil. Esta separação, além de estar fora de contexto em relação ao pensamento gramsciano, converge com a perspectiva da identificação do Estado com os governos, ou com os "aparelhos de Estado", sendo a função deste o controle da liberdade. Esta liberdade teria sua materialidade na sociedade civil, no tocante ao seu desenvolvimento privado, representado por empresas, negócios e outros.

Com esta concepção, os liberais buscam forçar o Estado a ceder "espaços para a liberdade", no estreito vínculo com os setores capitalistas privados. Orbitam esse discurso expressões como "liberdade", "iniciativa privada", "setor privado", "livre-mercado", como uma espécie de garantia de que a sociedade civil, assim "liberta", garantiria a democracia. Logo, a democracia nessa perspectiva teria seu vínculo entre a diminuição do poder/ação do estado, ampliação do setor privado tratado como "a" sociedade civil em suas diversas formas de negócios.

A interpretação liberal permitiu associar o argumento de que o pensamento marxista, ao defender o Estado, o faria contra a liberdade, contra o mercado e contra a democracia. Segundo Buttigieg (2020), quando a imprensa liberal se manifesta em relação aos países socialistas, esta é a chave central da crítica, baseada numa leitura equivocada de Gramsci e da complexa relação entre sociedade civil e a política. O pensamento econômico liberal da segunda metade do século XX representado por Friedrich Hayek (1899-1992), Milton Friedman (1912-2006) dentre outros, basicamente se estrutura partindo desta distorção. Por isso as teses indicam o caminho da redução do poder "coercitivo do Estado" e a ampliação da "liberdade de mercado", via setor privado, como receita para a democracia.

Uma variante analítica também se desenvolveu alçando o preconceito de que quem tem "direitos" na sociedade civil são os grupos produtivos, normalmente assimilados aos grupos burgueses dos setores privados. Outros grupos sociais são vistos como "pesos" ao Estado e ao próprio mercado. Esta tendência se apresenta hoje com as expressões mais bizarras da extrema direita explodindo em todos os continentes, com um discurso de ataque a toda e qualquer minoria, sejam migrantes, sindicalistas, indígenas, quilombolas, gays, artistas, socialistas, comunistas e toda sorte de subalternos. Estes são tratados como anomalias sociais da sociedade civil a serem eliminados, por serem "improdutivos".

O Estado burguês, reconhece Gramsci, foi revolucionário quando não havia outra energia capaz de realizar outras transformações. Nisso cabem todos os avanços proporcionados no campo dos direitos humanos, as "cessões" aos interesses corporativos de sindicatos, e outras concessões permitidas pelo sistema liberal, de tal sorte que, para alguns grupos reformistas vinculados ao Partido Socialista Italiano – PSI, fazia sentido abandonar a luta por um Estado integral e pela eliminação da competitividade na qual se estruturava o Estado burguês. Nesse movimento, os reformistas liberais atraem os socialistas e sindicalistas e nisso se concretizam as vias da social democracia europeia, representadas por estados como Inglaterra e Alemanha.

A questão da superação da opressão desta/nesta sociedade continua atual e nos remete à pergunta posta por Gramsci para entender o contexto italiano: por que a revolução socialista não ocorreu? Os *Quaderni* expressam as análises sobre essa impossibilidade. Dentre as razões, apresentam-se várias questões e eixos cujos desdobramentos encontramos nas discussões do processo revolucionário tendo como centro a sociedade política e a sociedade civil. A sociedade liberal foi imprimindo sua dominância tendo como expressões mais avançadas nações como a Inglaterra e Estados Unidos, além de um liberalismo deteriorado do ponto de vista econômico, que deriva normalmente em autoritarismo político como foi o caso da Itália. Segundo Buttigieg (2020, p. 171),

> Gramsci sustenta que o caminho para o socialismo em um Estado burguês não liberal, como a Itália, é dificultado não apenas pelas táticas de intimidação direta ou indiretamente empregadas com impunidade pela classe dominante e seu governo, mas também – e muito mais seriamente – pelo atraso cultural das massas como um todo.

Também a internacionalização do processo revolucionário encontrará resistências assinaladas na Itália, sobretudo vinculadas aos poderes nacionais. O caso da Itália foi melhor acompanhado por Gramsci, que o analisou no conjunto de barreiras e dificuldades impostas pela sociedade civil, expressas nos seus intelectuais liberais, que nem ao menos haviam conseguido fazer a crítica do atraso do país em relação às nações capitalistas mais avançadas (cf. GIANNI, 2020). A falta desta crítica e deste conjunto de ideias mais ordenadas criou um caldo cultural propício para o desenvolvimento do fascismo e da dissolução das poucas organizações da sociedade civil no campo do trabalho que apontavam para uma sociedade mais avançada.

O fascismo italiano significará, segundo Gianni (2020, p. 281-293), a formação de um Estado em que o aparelho burocrático se impõe combinando a violência, meios legais e ilegais, subsumindo as liberdades democráticas, direitos civis, tendo o apoio das oligarquias agrárias do sul e aristocracias industriais do norte. Gramsci observará que esse desfecho se deve à dilaceração da proposta liberal, especialmente no pós-guerra, em que a Itália se depara com uma profunda crise econômica e social, afetando a vida da população pequeno e médio burguesa, que busca se reorganizar junto ao Estado para recuperar a hegemonia. Diante da crise, os movimentos operários, os socialistas não conseguem tirar partido da condição e veem crescendo diante de si um Estado fascista. A história italiana agregou dois elementos principais que favoreceram o desenvolvimento do fascismo: de um lado, a sociedade civil débil, incapaz de criar resistências frente aos atrasos da sociedade vigente, e de outro, os processos de "revolução passiva". Ambos fatores foram decisivos para que a hegemonia burguesa tomasse novamente o Estado, agora de outro modo, sem os instrumentos "democráticos" do antigo liberalismo, mas numa composição muito mais autoritária e centralizadora na figura de Benito Mussolini.

O caso da Itália não é o único. Gramsci mesmo analisa o conceito de "revolução passiva" do período do *Risorgimento*, da Alemanha com a "via prussiana" e o incorpora como chave de leitura para entender os entraves para o desenvolvimento de um "Estado integral".

Além de tratar das complexidades envolvidas no desenvolvimento dos Estados modernos, na sua clássica divisão Estado e sociedade civil, Gramsci trará uma contribuição inestimável para o entendimento dos aspectos "orientais e ocidentais" destas sociedades. Na medida em que ele aprofunda a compreensão sobre os limites da concretização do Estado integral italiano diante da revolução do Estado russo, abre caminhos para a interpretação de outras realidades nacionais.

O conceito de Estado integral foi capaz de transcender as fronteiras italianas e permitir análises na realidade brasileira, tal como observamos em Coutinho (1999b) e Vianna (1997). Diversas contribuições do seu pensamento ajudam a entender porque movimentos populares historicamente não conseguiram constituir-se como Estado: os limites impostos pelas "revoluções passivas" desde a passagem do império à República; as forças reacionárias expressas nas alianças dos setores agrários e industriais, com os setores militares; e, finalmente, os limites de um desenvolvimento sustentado na tese da dependência, produzindo reformas "pelo alto", impossibilitando as matrizes da *filosofia da práxis* avançarem do âmbito de uma reforma intelectual e moral.

Quarta lição

Filosofia da práxis: por uma concepção integral de mundo

Desde a ideia de que "todos os homens são filósofos" até a compreensão da "filosofia espontânea das multidões" serão analisadas em Gramsci a partir da realidade histórica e das produções ideológicas de um determinado tempo. Toda a filosofia que se apresente descolada da história tende ao esquecimento, pois, com os avanços da sociedade moderna, qualquer esforço teórico sem incorporá-la tende à abstração vazia.

A compreensão de Gramsci sobre o conceito de filosofia traz consigo uma leitura própria, incorporando a crítica às filosofias individuais e apontando a *filosofia da práxis* como uma concepção de mundo mais abrangente, até às filosofias dos não intelectuais, ou daqueles que não são profissionais, mas que participam de certa concepção de mundo. Nos *Quaderni 4* e *10* encontramos um conjunto de reflexões a respeito das definições mais amplas da filosofia, articulando "filosofia-economia-política" e "tradutibilidade" (Q 4, § 46, p. 472), que superariam a "filosofia individual" (Q 10, II, § 44, p. 1.330) e de caráter abstrato.

Iniciemos, porém, pelo *Quaderni 10: Introdução ao estudo da filosofia, A filosofia de Benedetto Croce*, escrito entre os anos de 1931-1933. Primeiro, é definido que, partindo da filosofia como *concepção de mundo*, não é mais possível compreendê-la como "individual", mas como historicamente constituída; como luta cultural para transformar a mentalidade popular, difundindo as inovações consideradas historicamente verdadeiras, sobre a qual, no primeiro plano, estão as questões da linguagem e da língua. A linguagem não possui um conceito restrito, significando também cultura e filosofia. Numa perspectiva mais singular, cada ser possui sua linguagem que se manifesta no seu modo de pensar e sentir, de onde se deduz a importância dos momentos culturais e também das atividades práticas coletivas para a realização de uma unidade cultural-social, unificando um conjunto de pensamentos e ações desagregados, convergindo para uma determinada concepção de mundo. A linguagem é essencial na criação de um mesmo "clima" cultural destacando-se a necessidade de aproximar a linguagem das questões pedagógicas e da ideia da relação entre o professor e aprendente, onde inclui dialeticamente o aprender e o ensinar, ampliando-se para toda a sociedade, nas relações entre intelectuais e não intelectuais, governantes e governados, dentre outros. Toda relação de hegemonia para Gramsci é necessariamente uma relação pedagógica, o que implica compreender o complexo campo de relações internas e externas de uma nação e da realidade internacional. Assim, é possível afirmar que uma personalidade histórica de um filósofo individual é dada também pelas relações estabelecidas com seu meio cultural, colocando-lhe a condição da autocrítica permanente. Por isso uma das mais expressivas exigências modernas para a classe intelectual no campo político é a liberdade de pensamento e de sua expressão. Somente onde se realizam estas condições historicamente estabelecidas há a possiblidade da concretude do "filósofo democrático", aquele que é convicto de sua personalidade se tornando ativo em modificar o ambiente cultural. Gramsci observa ainda que o filósofo moderno sustentado em abstrações somente, é motivo de "troça"/"chacota", porque perdeu o fio principal da história e da cultura. A unidade entre ciência e vida se constitui no espaço da realização do pensamento e da liberdade, a condição e vínculo fundamentais para uma reforma intelectual e moral.

Ao fazer a crítica ao idealismo crociano, que afirma a necessidade da substituição da religião ao homem do povo, no sentido de que o "substituto" cumpra as mesmas exigências, Gramsci vê, de um lado, a confissão de Croce da impotência da filosofia idealista em não conseguir criar uma concepção de mundo integral e nacional; de outro, que "a afirmação de Croce, portanto, não pode ser mais do que uma maneira hipócrita de representar o velho princípio de que religião é necessária para o povo" (Q 10, § 41, p. 1.295). Croce também defende o caráter não definitivo das filosofias; porém, ele o faz recorrendo ao princípio geral do "devir" ou em recolocar o que já foi feito por outros, "de que filosofia não é uma coisa abstrata". Gramsci irá responder nos termos de que "a filosofia da práxis pretende justificar a historicidade das filosofias não mediante princípios gerais, mas por meio da história concreta; esta história é dialética" (Q 10, § 41, p. 1.299). A superação do dualismo e da "objetividade do mundo exterior", massificada na consciência popular ao longo da história pelas religiões e filosofias tradicionais convertidas em senso comum, só poderá ser superada por uma concepção de mundo que incorpore a vida, o trabalho e as ciências atuais, acompanhadas de um programa político e de uma concepção da história "que o povo reconheça como expressão de suas necessidades vitais" (idem).

Ainda no debate com Croce, Gramsci irá se perguntar: dentre o Papa, Benedetto Croce e Giovanni Gentille, quais destas três personalidades intelectuais teriam a maior influência no desenvolvimento da hegemonia "como ordenador da filosofia que empresta o cimento mais íntimo à sociedade civil e, portanto, ao Estado?" (Q 10, § 41, p. 1.306). A resposta indicará que o Papa é a segunda maior força italiana diante da população, do Estado e das relações internacionais. Dada exatamente a influência de sua autoridade cuja aceitação da população é passiva.

No Q 11, *Introdução ao estudo da filosofia*, escrito entre os anos 1932 e 1933, especialmente no § 12, p. 1.375, encontramos significativas definições de filosofia no sentido mais geral do termo. Acompanham as reflexões de Gramsci sobre a filosofia por meio de análises acuradas das concepções de mundo que povoam o seu tempo, contribuindo para uma consciência autônoma dos grupos sociais subalternos.

Gramsci inicia este *Quaderni* falando sobre a necessidade de ser superado um certo preconceito de que a atividade intelectual é muito difícil, vinculada à ideia de uma ação estritamente científica e/ou profissional filosófica. O seu projeto visa demonstrar que todo homem é "filósofo" considerando as características e limites da "filosofia espontânea", peculiar a todos na filosofia em que está contida: na linguagem como expressão de um conjunto de concepções, mais do que palavras; no senso comum e no bom-senso; na religião popular e também o sistema de crenças que fundamentam certas opiniões e modos de pensar, chamado folclore.

Considera a primeira questão resolvida, ou seja, "todos os homens são intelectuais", e em seguida se pergunta se é preferível pensar sobre como se pode participar de uma concepção de mundo, de modo inconsciente ou consciente. Colocado de outro modo: "é preferível elaborar a sua própria concepção de mundo conscientemente e criticamente [...], ser guia de si mesmo e não mais aceitar do exterior, passiva e servilmente, a marca da própria personalidade?" (Q 11, § 12, p. 1.376). Na nota I, chama uma investigação crítica sobre como os homens são expressões de uma determinada concepção de mundo massificada, os níveis de consciência, em como os traços de uma formação social se encontram na composição do homem-massa, a iniciar-se no "conhece-te a ti mesmo". Essa análise permitiria a passagem a uma compreensão de mundo mais unitária e consciente. Na nota II, fala da impossibilidade de separar a filosofia da história da filosofia, uma vez que o conjunto das concepções de um tempo são historicamente marcadas por ideias diversas, contrapostas e contraditórias. É possível encontrar essas "variações filosóficas" nos próprios grupos do presente e do passado, em que povoam concepções atrasadas convivendo com as modernas, numa demonstração de que a história do passado e do presente se articulam, impondo condições para sua autonomia.

Na nota III, levantará a hipótese de que uma determinada linguagem pode expressar a cosmovisão e cultura de um povo. Se isso é verdadeiro, é fundamental o conhecimento de outras línguas mais complexas para se ter conhecimento destas culturas. Em não sendo possível conhecer as línguas hegemônicas, Gramsci indica que ao menos conhecer em profundidade uma língua nacional pode permitir as traduções necessárias das filosofias mais avançadas, superando os corporativismos, economicismos e regionalismos.

Na nota IV, vai dizer que o mais importante para a afirmação de uma concepção de mundo, não seriam descobertas "geniais", exatamente novas como patrimônios de pequenos grupos intelectuais, mas a capacidade de comunicar ideias já existentes, socializá-las, compondo-as como base de ações numa nova "ordem moral e intelectual" (Q 11, § 12, p. 1.378). A filosofia seria a superação do senso comum e da religião, porque a filosofia é uma "ordem intelectual" enquanto a religião é um elemento do senso comum e este, como produto de devir histórico, se expressa como "sensos comuns", pois não existe apenas um, mas vários e coincidem com uma visão fragmentária e desagregada de mundo. A religião e os sensos comuns não podem ser unitários, coerentes e "livres" na consciência individual e coletiva, porque não constituem ordem intelectual. Segue a questão colocada por Gramsci se não seria mais conveniente chamar a "religião", no sentido laico da unidade de fé e uma norma de conduta, de ideologia ou de "política"? O que faz muito sentido, dado que a ideologia, neste caso, expressaria melhor a função da religião historicamente.

Decorrente da natureza e das diversas filosofias que coexistem num determinado tempo, será possível observar que, entre a ação propriamente e o pensamento, existem diferenças e contradições. Pois, no comportamento das massas, quando isso é observado, pode indicar contrastes profundos, sobretudo porque o indivíduo, ao tomar emprestado uma concepção de mundo heterônoma e buscar defendê-la teoricamente, nem sempre encontrará a correspondência na política. "É por isso, portanto, que não se pode separar a filosofia da política; ao contrário, pode-se demonstrar que a escolha e a crítica de uma concepção de mundo são, também elas, fatos políticos" (Q 11, § 12, Nota IV, p. 1.379).

A filosofia não se separa da política porque, como formação histórica, expressa não somente as correntes de pensamento, mas os diversos campos das atividades e ações humanas. Da mesma forma, não se separa a filosofia "científica" da "popular/vulgar", uma vez que ambas coexistem como senso comum e bom-senso (convite à reflexão, espaço para desenvolver um pensamento unitário e coerente).

Todo o convite à filosofia, partindo das formulações populares, ao que parece em maior grau, vai na direção da reflexão, da tomada de consciência, na superação das paixões bestiais, buscando o bom-senso. Nisso se coloca o problema fundamental de uma concepção de mundo, da filosofia que se tornou cultura, na qual produzir atividades práticas é premissa implícita, como ideologia no sentido mais alto do termo (como manifestação implícita na arte, na economia, no direito e em todas as atividades da vida individual e coletiva).

Na distinção entre filosofia e senso comum, destacam-se inicialmente as características da elaboração individual do pensamento filosófico, enquanto, no senso comum, destacam-se as características difusas, dispersas de um pensamento genérico em um certo ambiente popular. Por isso a *filosofia da práxis*, como Gramsci chamará o pensamento marxista, só pode se apresentar inicialmente como polêmica ao senso comum, como crítica da fragmentariedade do mundo cultural existente. Não se trata de introduzir a ciência na vida individual, mas de tornar crítica uma atividade já existente. Diante do problema da debilidade das filosofias imanentistas, especialmente aquelas originadas no Renascimento (XIV-XVI) e na Contrarreforma da Igreja Católica (1545-1563), Gramsci observa: "Uma das maiores debilidades das filosofias imanentistas em geral consiste precisamente em não terem sabido criar uma unidade ideológica entre o baixo e o alto, entre os 'simples' e os intelectuais" (Q 11, § 12, Nota IV, p. 1.381).

Gramsci compreende que não se trata de agir como a Igreja que historicamente se afirmou na manutenção do senso comum primitivo das massas populares, tampouco concorda com as filosofias que assumiram a tese pseudo-histórica de que a religião seria a "infância da humanidade", ou então expressas em ações limitadas pelo idealismo, como as de "ir até o povo", porém com pouca "organicidade" e solidez cultural. Ao contrário, a *filosofia da práxis* pressupõe a elevação cultural das massas populares e não apenas de pequenos grupos intelectuais. "A filosofia da práxis não busca manter os 'simples' na sua filosofia primitiva do senso comum, mas busca, ao contrário, conduzi-los a uma concepção de vida superior" (Q 11, § 12, p. 1.384). A superação das diversas consciências que habitam o homem ativo de massa se dá na luta pela hegemonia, primeiro no campo ético e depois no campo político. Uma filosofia que se pretenda um movimento cultural "se torna 'histórica', depurada dos elementos intelectualistas de natureza individual e se transforma em vida" (Q 11, § 12, p. 1.382).

O processo do desenvolvimento político da hegemonia pressupõe também uma concepção superior de mundo pelo avanço filosófico construído a partir da crítica ao senso comum e de uma unidade ética-intelectual entre os diversos estratos sociais:

> o desenvolvimento político do conceito de hegemonia representa, para além do progresso político-prático, um grande progresso filosófico, já que implica e supõe necessariamente uma uni-

> dade intelectual e uma ética adequada a uma concepção real que superou o senso comum e tornou-se crítica, mesmo que dentro dos limites comuns (Q 11, § 12, p. 1.385).

Uma certa tendência fatalista, determinista e mecanicista que se acomodou no modo de conduzir a *filosofia da práxis* no Partido Socialista Italiano, do qual Gramsci era membro, é objeto de sua crítica, exatamente por reforçar seu caráter subalterno diante das ideologias e forças hegemônicas. O caráter manualesco, cientificista e positivista da relação entre partido e massas será objeto de crítica na segunda parte do *Quaderni 12*, em detalhada análise do manual de sociologia de Bukharin, por tentar reduzir a *filosofia da práxis* a conceitos rebaixados às formas fragmentárias do senso comum[16].

Na discussão com as interpretações cientificistas e mecanicistas, Gramsci compreende que:

> Em certo sentido, portanto, a filosofia da práxis é uma reforma e um desen-

---

16. Líder bolchevique revolucionário. Conhecido por seu *Ensaio Popular de Sociologia*, cujo objetivo foi divulgar a teoria marxista em forma de manual, resultando num texto positivista que trouxe diversos problemas interpretativos, atraindo a análise e crítica de Gramsci desenvolvidas no *Quaderni 11*. Escreveu outras obras, tais como *O ABC do comunismo* e o *Imperialismo e o mundo econômico*.

> volvimento do hegelianismo, é uma filosofia liberta (ou que busca se libertar) de qualquer elemento ideológico unilateral e fanático, existe plena consciência das contradições, nas quais o mesmo filósofo, entendido individualmente ou entendido como todo o grupo social, não só entende as contradições, mas se apresenta como elemento de contradição, eleva esse elemento ao princípio do conhecimento e, portanto, da ação (Q 11, § 62, p. 1.487).

A *filosofia da práxis* deve ser vivida como uma "fé", no sentido de que o homem comum elaborou para si opiniões, critérios de distinção e convicções. Pois a adesão ou não das massas a uma determinada ideologia é a melhor expressão da crítica real a esse modo de pensar. Não se trata de trocar um senso comum por outro, mas a superação das perspectivas mecanicistas indicando uma concepção de mundo histórica e unitária. A "fé" é relativa a uma concepção histórica, a uma ciência histórica e objetiva, sujeita ao "devir" considerando o desenvolvimento das relações sociais em modo dialético de ser. "Para a filosofia da práxis o ser não pode ser separado do pensar, o homem da natureza, a atividade da matéria, o sujeito do objeto; se se faz essa separação, cai-se numa das muitas formas de religião ou na abstração sem sentido" (Q 11, § 37, p. 1.457).

Marx, como o criador da *filosofia da práxis*, é a base sobre a qual Gramsci constrói suas análises considerando a filosofia como dimensão teórica e de ação, que proporciona aos subalternos a unidade suficiente para entender as contradições da realidade e se propor a mudá-las. Por isso a filosofia é compreendida como elevação cultural para uma concepção historicista, com a finalidade da autonomia dos subalternos.

A filosofia ampliada que tem seu terreno no campo da tradutibilidade expressa na tríade filosofia-cultura-linguagem, e na figura do "filósofo ocasional", ao qual Gramsci manifesta interesse, tem seu papel de mediação na elaboração de uma certa concepção de mundo. Não exatamente a partir do terreno da filosofia, mas vinda da política e da economia, terrenos sobre os quais deve ser investigada a filosofia: "Realmente acontece que para o 'filósofo' ocasional é mais difícil se abstrair das correntes dominantes de seu tempo, a partir de interpretações dogmáticas de uma certa concepção de mundo etc." (Q 4, § 46, p. 473).

Se buscássemos uma síntese do que vimos discutindo sobre a *filosofia da práxis*, encontraríamos uma boa assimilação no que Semeraro (2005, p. 30) apresenta:

> [...] para Gramsci, filosofia da práxis é a atividade teórico-política e histórico-social dos grupos "subalternos" que procuram desenvolver uma visão de mundo global e um programa preciso de ação dentro do contexto em que vivem, com os meios que têm à disposição, visando a construir um projeto hegemônico alternativo de sociedade.

A filosofia compreendida por Gramsci está diretamente vinculada às lutas subalternas, no sentido da superação do senso comum e dos modos idealistas, mecanicistas, positivistas e fatalistas de pensar e agir. A filosofia histórica e social, tratada de modo peculiar e atualizado em Gramsci, inspirada nas obras de Marx e Engels, se soma no conjunto dos *Quaderni* como o eixo que articula e se deixa articular nas relações com a economia e a política. É filosofia da vida, da existência, na superação das contradições das classes fundamentais.

A mensagem de Gramsci ao tratar de temas como filosofias, *filosofia da práxis*, é que o filósofo é a unidade entre o pensamento e ação, entre o intelectual e a política, pois o sentido da filosofia se faz na história e na construção dos subalternos com vistas à superação das contradições da sociedade.

Quinta lição

Intelectuais e a formação da cultura

É possível observar, a partir dos *Quaderni,* um conjunto de questões que vão desde a formação dos intelectuais italianos até às análises e anotações a respeito dos intelectuais e seu papel no desenvolvimento da cultura. Em destaque, conforme indica Buttigieg (1998), podemos pontuar no *Quaderni 8* os termos "Os filhotes do Padre Bresciani" e no *Quaderni 28* o "lorianismo", espécies de "rubricas" para tratar da formação dos intelectuais italianos. Ambas expressões reúnem, de um lado, os reacionários, nacionalistas e repressivos na figura do Padre Jesuíta Antonio Bresciani (1798-1862) e, de outro, os que se consideravam mais à esquerda, agregados à figura de Achille Loria (1857-1943), sociólogo e economista italiano, cuja extravagância de suas conclusões demonstram não só confusão ideológica, mas um profundo vínculo com tradições cientificistas e positivistas[17].

Entre as questões postas por Gramsci, destaca-se a sua atenção em investigar historicizando a formação dos intelectuais italianos e as influências sofridas pelas correntes sociológicas do positivismo e do cientificismo. Disso decorre uma outra questão chave que será tratada no *Quaderni 25*, sobre os grupos subalternos, e sobre como esta sociologia não permitiu que estes constituíssem sua história. Ao contrário, reforçou estereótipos naturalistas, fatalistas encerrando-os conceitualmente em uma espécie de "jaula positivista", da qual não podem sair. O caso mais emblemático é do criminologista Cesare Lombroso (1835-1909), que, em seus estudos sobre o comportamento das massas, buscou nos aspectos físicos os elementos que

---

17. O caso do desvirtuamento do método cientifico de Cuvier – *O Ossinho de Cuvier*, em que as correlações entre os fenômenos particulares e os gerais eram incentivados, derivando em compreensões positivistas da realidade (cf. Q 14, § 29, p. 1.687). Do osso de Cuvier vindo da analogia biológica, segundo Loria, seria possível reconstruir todo um organismo, a partir de um indivíduo, além de conclusões gerais sobre o grupo social de origem etc. A matriz desta concepção cientificista tem suas origens na deturpação positivista do método indutivo da ciência criado por Francis Bacon e Galileu Galilei.

definissem as dimensões mentais e de ações dos indivíduos e grupos sociais, permitindo conclusões preconceituosas e deformadas, ao sabor dos interesses dominantes.

Gramsci também vê nesta forma e em outras de "lorianismos" não só uma tendência dos intelectuais da Itália, mas também europeus. Esse modo deturpado de estudar e analisar os fenômenos sociais também não encontrará barreiras críticas na sociedade, tampouco em instituições científicas, editoras e outras, o que faz com que as "bizarrices" intelectuais se tornem conhecidas e legitimadas no público. Essa tendência histórica demonstra para Gramsci o papel dos intelectuais em criar uma aura cultural asfixiante e confusa, permitindo que movimentos como o fascismo e o nazismo se desenvolvessem sem traves críticas.

Gramsci compreendia a realidade de modo histórico e o método da *filosofia da práxis* como o mais adequado para compreender os fenômenos e suas contradições. Portanto, os estudos sobre os intelectuais se colocam, além dos contextos de influências destes na sociedade, nas relações entre cultura e política, na crítica ao positivismo, especialmente no campo das esquerdas que assumiram acriticamente o método das ciências naturais como referência para as ciências sociais[18].

A sociologia defendida por Bukharin como emanação da realidade histórica dada, positivada em leis preexistentes das quais a história se ocuparia de comprová-las, demonstra uma leitura cientificista e evolucionista no sentido vulgar, perdendo toda a capacidade crítica e histórica da *filosofia da práxis* como concepção de mundo revolucionária. Bukharin não é considerado um "lorianista", mas um positivista, por conta do equívoco de assumir o método das ciências naturais para análises de fenômenos sociais.

A *filosofia da práxis* não é uma sociologia determinista, mas uma concepção histórica que não depende de leis preestabelecidas pelo método das ciências naturais e sim do método da "filologia". A "filologia", entendida como metodologia geral da história, tem um papel essencial na elucidação dos fatos particulares e na articulação com a filosofia. A "filologia" é viva, porque se debruça sobre os fatos da história, das contradições, das realidades das classes subalternas e, portanto, para compreender o que foi e se pode construir historicamente com sujeitos coletivos

---

18. O caso da crítica do *Manual popular de sociologia*, de Nikolai Bukharin (1888-1938), já tratado anteriormente.

(partidos, forças políticas etc.). "A teoria e a prática da crítica filológica dos *Cadernos* constituem em si mesmas uma importantíssima contribuição para a elaboração de uma filosofia da práxis antidogmática" (BUTTIGIEG, 1998, p. 10).

A realidade da ação dos indivíduos e grupos não é sempre coerente, sistemática e previsível, mas normalmente é possível derivar tendências, nunca predeterminadas, mas prováveis, segundo fatos, relações e outros. A história para Gramsci se dá sobre o particular, sob o fragmento em permanente crítica da "filologia", pois ela é imprescindível para que a filosofia não seja capturada por determinismos ou por teorias gerais.

Os intelectuais foram objeto de trabalho de Gramsci ao longo da sua obra; mas, especialmente nos *Quaderni 10, 11* e *12*, encontra-se o desenvolvimento mais sistemático do tema. A questão inicial posta no *Quaderni 12* é se a categoria intelectual é autônoma, ou cada grupo social constituiria as suas categorias de intelectuais. No decorrer do texto, Gramsci irá estabelecer o primeiro critério, qual seja, de que "todo grupo social, nascendo no terreno originário de uma função essencial no mundo da produção econômica, cria para si, ao mesmo tempo, uma ou mais camadas de intelectuais" (Q 12, § 1, p. 1.513). Gramsci se refere aos grupos e aos intelectuais que nascem no período do capitalismo, expressando, pois, uma forma de desenvolvimento econômico e ao mesmo tempo a "elasticidade" no conceito de intelectual: "todos os homens são intelectuais, mas nem todos os homens têm na sociedade a função de intelectuais" (Q 12, § 1, p. 1.516).

Nesse novo contexto econômico e político-social onde se inserem os Estados nacionais modernos, os intelectuais lhes dão a homogeneidade e consciência, sendo inseridos como prepostos para a organização de ambos terrenos: econômico e político. Estes são denominados de "intelectuais orgânicos", ou seja, um tipo "especializado" que se desenvolve conforme as necessidades de um determinado tempo.

Na sequência, Gramsci irá problematizar o caso dos "intelectuais tradicionais", cuja base histórica "emerge da estrutura econômica anterior" (Q 12, § 1, p. 1.513). Estes, vinculados aos grupos sociais e corporações anteriores ao período capitalista, são constituídos por eclesiásticos, historiadores, administradores e outros. Considerando o período em que surgiram e o "espírito de grupo" que os une, têm a compreensão de si como autônomos, mesmo que não o sejam. Esta posição de autorreconhecimento dos intelectuais tradicionais resulta em algumas consequências, dentre as quais: "toda a filosofia idealista pode ser facilmente relacionada com a expressão desta utopia social segundo a qual os intelectuais acreditam ser 'independentes', autônomos" (Q 12, § 1, p. 1.515).

Na busca de um elemento unitário que possa definir os intelectuais nas suas diversas funções, Gramsci concluirá que este elemento não deve ser encontrado na especificidade da sua atividade, mas no conjunto das relações onde os intelectuais estão inseridos. Como um trabalhador não pode ser definido apenas pelo seu trabalho manual, mas também pelo trabalho em determinadas condições e relações sociais, o esforço físico também é articulado ao esforço intelectual, e os intelectuais devem ser analisados a partir do seu tempo e sua cultura.

Na continuidade da diferenciação dos intelectuais, Gramsci precisará os que têm origem orgânica dos de origem rural. Os primeiros são nascidos no terreno do desenvolvimento industrial moderno, bastante estandardizados, e se organizam como estratos diferenciados e variados, não somente do ponto de vista intrínseco do seu exercício, mas do ponto de vista das funções que exercem em determinados órgãos e instituições. Ocupam as funções técnicas no campo econômico servindo ao grupo social fundamental como mediadores, tanto do processo organizativo da produção quanto colocando os grupos subalternos em contato com os grupos de empresários, exercendo a função executiva elementar na base produtiva. Já os intelectuais rurais, vinculados às massas campesinas e às pequenas burguesias urbanas, exercem as funções estatais e profissionais liberais, nas dimensões técnica e política, fazendo os vínculos com as massas populares e com a administração estatal local. Não se compreende, segundo Gramsci, a vida coletiva e o desenvolvimento orgânico das massas campesinas sem compreender-se os vínculos estreitos destes com os intelectuais.

Os intelectuais não têm uma ligação imediata com o mundo da produção, mas "'mediatizada', em diversos graus, por todo o tecido social, pelo conjunto das superestruturas, do qual os intelectuais são precisamente os 'funcionários'" (Q 12, § 1, p. 1.518). Essa relação com o campo econômico é possível de ser compreendida mediante estudos das diversas gradações de intelectuais e suas diferentes relações com os grupos fundamentais, desde o operário da base produtiva ao administrador, contador, até o advogado, que tratam de questões não diretamente produtivas.

Basicamente, os intelectuais têm duas funções que os qualificam no campo da formação da cultura como

> "prepostos" do grupo dominante para o exercício das funções subalternas da hegemonia social e do governo político, isto é: 1) do consenso "espontâneo" dado pelas grandes massas da população [...]; 2) do aparelho de coerção estatal que assegura "legalmente" a disciplina dos grupos que não "consentem", nem ativa nem passivamente (Q 12, § 1, p. 1.519).

Os estratos intelectuais se diferenciam nos que produzem a "alta cultura", como os criadores das várias ciências, da filosofia e das artes; num nível mais baixo estariam os administradores e divulgadores da cultura intelectual; o modelo militar é mais apropriado para a visualização destes estratos na medida em que diferenciam em gradações de oficiais superiores e subalternos.

Outra questão abordada por Gramsci diz respeito à relação entre os intelectuais orgânicos e tradicionais dos grupos fundamentais, com o partido político. Para alguns grupos sociais, o partido é o espaço onde se configuram os intelectuais orgânicos, dado o desenvolvimento da formação destes grupos no campo político e filosófico, não ocorrendo esta formação diretamente no campo técnico e produtivo. A segunda questão, válida para todos os grupos sociais, diz respeito à função do partido na sociedade civil, exercida num mesmo nível que corresponderia ao exercício na sociedade política num âmbito mais vasto dos grupos sociais. Ou seja:

> proporciona a soldagem entre os intelectuais orgânicos de um dado grupo, o dominante, e intelectuais tradicionais; e esta função é desempenhada pelo partido, precisamente na dependência de sua função fundamental, que é elaborar os próprios componentes, elementos de um grupo social nascido e desenvolvido como "econômico", até transformá-los em intelectuais políticos qualificados, dirigentes, organizadores de todas as atividades e funções inerentes ao desenvolvimento orgânico de uma sociedade integral, civil e política (Q 12, § 1, p. 1.522).

O partido político significa, para os intelectuais originados nos grupos fundamentais, o momento da superação tanto da condição corporativa de seu grupo econômico, quanto de sua vontade individual, para se tornarem agentes de atividades gerais nacionais e internacionais.

Gramsci também abordará a relação entre a malha escolar, portanto formativa de um país, e sua relação com os intelectuais. Nesse ponto, a questão essencial se dá pela maior complexidade de um determinado país, diretamente vinculada à extensão escolar e à diversificação de estratos especializados existentes. Ou seja, a escola é o instrumento de elaboração dos intelectuais nos diversos níveis "quanto mais extensa for a 'área' escolar e quanto mais numerosos forem os 'graus' 'verticais' da escola, tão mais complexo será o mundo cultural, a civilização, de um determinado Estado" (Q 12, § 1, p. 1.517).

Gramsci não deixa de analisar os problemas decorrentes da relação entre a ampliação das malhas escolares com a formação de intelectuais para a "alta cultura", considerando que a ampliação da base, nas condições em que se colocava a reforma educacional liderada pelo Ministro da Instrução Pública Giovanni Gentile, em 1922, traria severas consequências de qualidade. Uma coisa seria a ampliação da escola considerando o princípio do trabalho e sua dimensão unitária (técnica e política) necessária no campo formativo, em função das transformações do industrialismo, outra coisa foi o modo como a reforma de Gentile estratificou a escola em escola interessada e desinteressada. A estratificação, dentre outras consequências, comprometia a elaboração dos intelectuais, na medida em que um grupo, vindo das classes subalternas, é direcionado para uma formação ao trabalho manual e técnico, distanciando-os das dimensões políticas formativas. Enquanto a escola de formação geral, expressa no Liceu (ensino médio) italiano, mantinha as duas dimensões unificadas, o espaço se destinava aos filhos das classes dominantes. Esse problema da formação intelectual e a malha escolar foi historicamente incorporado nas discussões políticas ao longo do século XX pelos países que pretendiam aderir ao desenvolvimento do industrialismo moderno[19].

Gramsci continua inspirando inúmeras análises sobre a formação dos intelectuais ao longo do século XX, tanto em termos do aprofundamento dessa "função social" na manutenção da socie-

---

19. No Brasil, passamos a problematizar essa questão com o avanço do desenvolvimento da escola pública, a partir do final da primeira metade do século XX e vimos até hoje mantendo essa estratificação, expressa desde a reforma de Gustavo Capanema pelo Decreto-lei 4.244, de 1942, com a profissionalização compulsória aos jovens das escolas públicas, passando por diversos momentos até encontrar uma proposta mais integradora expressa na Lei 5.154, de 2004. Porém, pouco tempo depois, com o golpe na Presidenta Dilma Roussef, a legislação retrocederá com o dualismo entre formação humana e técnica na reforma do Ensino Médio, pela Lei 13.415, de 2017, com a remoção da unidade estabelecida de formação integrada, aprofundando o caráter de profissionalização "precoce" para os jovens.

dade capitalista, como também nos movimentos que indicam a crítica às condições do trabalho intelectual diante do senso comum fragmentário. Destacamos na atualidade a ascensão dos meios de comunicações sociais como "intelectuais coletivos", que mais se desenvolveram no pós-Segunda Guerra, e que exercem influência decisiva na manutenção das contradições e dos estratos sociais.

Ademais, a temática dos intelectuais se delineará em outras variações ao longo dos *Quaderni*, incluindo a análise de Gramsci das expressões destes em diversos países (cf. *Quaderni 12*). Destacamos, para o momento e para encerrar este item, a percepção sobre as possíveis influências dos intelectuais norte-americanos negros nos países africanos, donde parte desta população tem suas origens. Também merece destaque a função intelectual desempenhada pelas mulheres quando, no *Quaderni 22*, analisará a questão ética mais importante do fordismo, no desenvolvimento de uma nova personalidade feminina.

Sexta lição

Ideologia

O significado original de ideologia diz respeito a "análise das ideias", ou "investigação da origem das ideias", tendo suas raízes no sensualismo francês do século XVIII. Ao longo da tradição do sensualismo pode-se examinar do ponto de vista histórico como "o conceito de ideologia como 'ciência das ideias' [...] passou a significar um determinado 'sistema de ideias'" (Q 4, § 35, p. 453).

No *Quaderni 7*, escrito entre 1930 e 1931, Gramsci explica um erro comum nas abordagens sobre o valor das ideologias, normalmente devido à distinção entre a superestrutura e a estrutura e também em função de determinadas elucubrações arbitrárias que confundem a noção correta da categoria. Vejamos o porquê do equívoco:

> 1) Identifica-se a ideologia como sendo distinta da estrutura e afirma-se que não são as ideologias que modificam a

> estrutura, mas sim vice-versa; 2) afirma-se que uma determinada solução política é "ideológica"; isto é, insuficiente para modificar a estrutura, enquanto crê poder modificá-la afirma-se que é inútil, estúpida etc.; 3) passa-se a afirmar que toda ideologia é pura aparência inútil, estúpida etc. (Q 7, § 19, p. 868).

O erro consiste no seccionamento de duas dimensões que se articulam dialeticamente, a estrutura e a superestrutura, sendo ambas interdependentes como unidade material e ideológica, sem a separação posta por leituras apressadas. Depois de explicar o erro comum de interpretação, Gramsci retoma a questão da ideologia, ao diferenciar as chamadas históricas das arbitrárias, racionalistas e voluntaristas.

> Enquanto são historicamente necessárias, as ideologias têm uma validade que é "psicológica": elas "organizam" as massas humanas, formam o terreno no qual os homens se movimentam, adquirem consciência de sua posição, lutam etc. Enquanto são "arbitrárias", não criam mais do que "movimentos" individuais, polêmicas etc. (nem mesmo estas são completamente inúteis, já que funcionam como o erro que se contrapõe à verdade e a afirma) (Q 7, § 19, p. 868-869).

Gramsci lembra de uma importante síntese realizada por Marx sobre a "solidez das crenças populares", e de que a força da persuasão popular tem a mesma capacidade de convencimento de uma força material. Nesse sentido, irá conceber a noção de bloco histórico unindo as dimensões materiais e ideológicas, onde uma representa o conteúdo e a outra a forma. De tal sorte que "as forças materiais não seriam historicamente concebíveis sem forma e as ideologias seriam fantasias individuais sem as forças materiais" (Q 7, § 19, p. 869).

Ao analisar o *Ensaio/Manual Popular de Sociologia* de Bukharin, em debate sobre como "nasce o movimento histórico com base na estrutura" (Q 11, § 22, p. 1.422), Gramsci levanta o problema do mecanicismo e anti-historicismo de determinadas afirmações do *Ensaio* e da estratégia equivocada do autor em fazer o enfrentamento no terreno ideológico por meio dos "pequenos intelectuais" (idem). Numa luta política e militar, é mais tático penetrar nos pontos mais fracos como forma de ganhar força para investir nos pontos fortes, mas no campo ideológico o mais adequado é o debate com os grandes intelectuais de uma época, pois assim se concentram energias nas questões mais importantes.

> Na frente ideológica, no entanto, a derrota dos auxiliares e seguidores me-

> nores tem importância quase insignificante; nele é necessário lutar contra os mais eminentes. [...] mas a ideologia difusa, de massa, deve ser diferenciada das obras científicas, das grandes sínteses filosóficas, que são ademais, as suas verdadeiras culminações, as quais devem ser nitidamente superadas [...] (GRAMSCI, 1975, Q 11, § 22, p. 1.423).

Também no terreno da concepção das ideologias, Gramsci se refere à relação dialética entre a estrutura e a superestrutura na formação do "bloco histórico", num processo recíproco: "Se se forma um grupo 100% homogêneo ideologicamente, isto significa que existe em 100% as premissas para essa subversão da práxis, isto é, que o 'racional' é real ativa e efetivamente" (Q 8, § 182, p. 1.051).

Por isso a crítica destinada ao *Manual* de Bukharin, em relação a uma visão positivista das relações sociais, e disso a decorrência de uma versão equivocada do pensamento dialético, como segue: "A pretensão (apresentada como postulado essencial do materialismo histórico) de apresentar e expor qualquer flutuação da política e da ideologia como uma expressão imediata da infraestrutura deve ser combatida, teoricamente, como um infantilismo primitivo" (Q 7, § 19, p. 869).

No *Quaderni 10*, discutindo com Croce sobre a distinção entre filosofia como concepção de mundo e ideologia, Gramsci diz:

> É filosofia a concepção do mundo que representa a vida intelectual e moral (catarse de uma determinada vida prática) de todo um grupo social considerado, consequentemente, não apenas em seus interesses atuais e imediatos, mas também nos futuros e mediatos; é ideologia toda concepção particular dos grupos internos da classe que se propõe ajudar a resolver problemas imediatos e restritos (Q 10, § 10, p. 1.231).

Em seguida, Gramsci se pergunta: por que as classes dominantes preferem deixar as massas sob os cuidados de ideologias religiosas que produzem uma visão fragmentária e ilusória de mundo?[20] E demonstra que Croce, com a concepção liberal de história, contribuiu muito mais para uma visão e ação restritivas e abstratas de mundo do que para a sua superação. "Na opinião de Gramsci, [Croce] se denominava 'liberal' à medida que transformava 'a posição especulativa e contemplativa da filosofia hegeliana

---

20. Benedetto Croce assumiu a pasta da Instrução Pública entre os anos de 1920 e 1921, ainda nos governos liberais do Período Giolittiano. Como ministro, introduziu em escolas elementares o ensino da religião confessional.

em uma ideologia política imediata', fazendo dela um instrumento de hegemonia social" (SCHELESENER, 2007, p. 73).

Na continuidade das análises sobre as ideologias, Gramsci indicará a necessidade de abordar os problemas sob o prisma histórico-crítico. As ideologias não podem ocorrer como se fossem um tribunal, onde alguém julga e outro é réu a ser condenado. Ao contrário, compreende que

> Na discussão científica, já que supõe que o interesse seja a pesquisa da verdade e o progresso da ciência [...], compreender e valorizar com realismo a posição e as razões do adversário [...] significa estar liberto da prisão das ideologias (no sentido pejorativo, de cego fanatismo ideológico), isto é, significa colocar-se em um ponto de vista 'crítico', o único fecundo da pesquisa científica (Q 10, II, § 24, p. 1.263).

Na crítica ao historicismo de Croce, Gramsci faz perceber que o idealismo é a forma liberal do seu pensamento, que recupera uma forma histórica de Hegel que é a conservação e a inovação, sem tratar das contradições, nem mesmo da complexidade das mediações dialéticas da qual a história é feita. O historicismo de Croce se encaixa, de um lado, na perspectiva da "restauração" do pensamento liberal de Vincenzo

Gioberti (1801-1852)[21] na Itália contemporânea e na tradição moderada, sendo uma espécie de "moderantismo político" numa acomodação entre a "conservação e a inovação", uma dialética sem antítese. Esse historicismo é próprio dos "moderados e reformistas" e não científicos, ao contrário é "o reflexo de uma tendência prático-política, uma ideologia no sentido pejorativo [...] ideologia política imediata" (Q 10, § 41 XIV, p. 1.325).

A história para Croce seria como um jogo esportivo com certas regras e fins predeterminados. Ou quase como uma finalidade já "previsível". Para essa forma de ver a história, Gramsci afirma: "é uma ideologia que tende a enfraquecer a antítese e fragmentá-la numa longa série de momentos, isto é, a reduzir a dialética a um processo de evolução reformista 'revolução-restauração', na qual apenas o segundo termo é válido" (Q 10 II, § 41 XVI, p. 1.328).

---

21. Teólogo italiano, colaborador da revista *A jovem Itália*, de Giuseppe Mazzini (liderança dos Moderados no movimento de unificação italiana). Contribuiu com a história da Itália do *Risorgimento*, especialmente com sua obra *Da supremacia moral e civil dos italianos* (1843), defendendo a tese de que a fé religiosa teria contribuído como fator de fusão popular para a unificação italiana. Gramsci o situará no campo dos pensadores liberais que contribuíram para o processo da "revolução-restauração" italiano.

Gramsci, em alguns apontamentos sobre filosofia, história e cultura, desenvolve análises sobre o senso comum, bom-senso, o papel das instituições como Igreja e escola, e a tese de que, para qualquer hegemonia, é fundamental a produção de intelectuais na medida em que estes se mantenham próximos dos "simples". Ao mesmo tempo, uma nova moral e nova cultura necessitam da elevação do senso comum para uma compreensão mais unitária de mundo. Essa organicidade se desenvolve juntamente com as instituições formativas e com todos os aparelhos privados de hegemonia em ações variadas (jornalística, literária, teatral e outras). Além de se utilizar da didática da repetição dos novos argumentos, é fundamental que se possa "elevar intelectualmente camadas populares cada vez mais vastas [...], trabalhar na criação de elites de intelectuais de novo tipo, que surjam diretamente das massas [...]. Esta segunda necessidade, quando satisfeita, é a que realmente modifica o 'panorama ideológico' de uma época" (Q 11, § 12, p. 1.392).

De todo modo, o que Gramsci adverte é que Croce pensou fazer "'ciência pura', pura 'história', pura 'filosofia', mas na realidade faz 'ideologia', oferece instrumentos práticos de ação a determinados grupos políticos" (Q 6, § 112,

p. 782). Denominará de utopia croceana exatamente a incapacidade de compreender a necessidade de uma reação de massa quando as primeiras manifestações do fascismo apareceram nos anos de 1915, culminando, em 1922, com a ascensão de Benito Mussolini. Tanto Croce quanto outros liberais foram incapazes de elaborar uma "filosofia viva" que compreendesse e pudesse "fazer frente" ao fascismo. O utopismo croceano é uma consequência direta de suas "intenções", especialmente vinculadas à marginalização das massas populares da política, numa perspectiva de "revolução-restauração". O que pode ser observado pela crise hegemônica italiana expressa no pós-Primeira Guerra, expondo a debilidade liberal e dos socialistas naquela mediação, abrindo-se os caminhos para a ascensão do fascismo e a marginalização dos processos democráticos na administração da crise (cf. GIANNI, 2020).

Ao discutir o problema do tratamento dado no ensaio popular de Bukharin sobre a questão da realidade exterior e as ideologias dela decorrentes, Gramsci observará que o problema foi mal colocado. Quando Bukharin, baseado numa certa concepção positiva de ciências naturais, muito distante do que indicava Engels sobre o desenvolvimento das "ciências naturais", faz a crítica à posição "subjetivista" de mundo, nascida no idealismo filosófico, ele utiliza como instrumento a base do senso comum de origem religiosa, aquela que atribuiu ao mundo a realidade tal qual ela se apresenta. Qual o problema disso? Gramsci buscará demonstrar que a objetividade da realidade exterior só pode ser concebida historicamente como realidade histórica objetiva; ou seja, na medida em que a humanidade desenvolve suas concepções de mundo, ela o faz de tal modo que não encerra nenhuma objetividade mecânica, mas "humano-objetiva".

A *filosofia da práxis* tem como objetivo fazer a crítica "humano-histórica" do desenvolvimento das concepções ideológicas parciais, arbitrárias, o que coincide com a luta pela unificação cultural. Algumas dificuldades para o desenvolvimento de uma sociedade unitária estão relacionadas exatamente com a fragmentação ideológica, impedindo a ascensão de cosmovisões coerentes. O tema sobre a objetividade é um dos quais encerra nele os nexos necessários para que a *filosofia da práxis* realize a crítica ao idealismo e ao mecanicismo. "Conhecemos a realidade apenas em relação ao homem e, como o homem é um devir histórico, também o conhecimento e a realidade são um devir, também a objetividade é um devir, etc." (Q 11, § 17, p. 1.415).

A diferença entre o "progresso" expresso nas revoluções burguesas e o "devir" na perspectiva de superação histórica das contradições por revoluções populares é, por um lado, que o primeiro é uma ideologia, no sentido de incorporar determinados elementos sociais e culturais, e também uma "concepção vulgar de evolução" (Q 10, § 48, p. 1.336), pois a condução do progresso é feita de modo que sua capacidade "democrática" inicial, no sentido do rompimento com as tendências medievais, foi sendo superada, mas não se produziu uma "democracia" no sentido forte do termo, capaz de eliminar a condição de miséria e o caos. De outro lado, o "devir" é uma *filosofia da práxis*, porque aproxima a dialética das contradições que poderão superar o "progresso", no sentido de uma sociedade mais avançada. Pela perspectiva da formação da subjetividade podemos compreender melhor o sentido do "devir", como vemos no trecho abaixo:

> Gramsci evidencia que a formação da subjetividade dos grupos subalternos não é dada automaticamente, de maneira direta, pela própria condição social ou pela simples inserção no processo de produção material, mas ocorre no processo de construção da hegemonia por meio de um difícil

> e complexo trabalho político-cultural capaz de superar a fragmentação, a inércia e a submissão (SEMERARO, 2005, p. 32).

É importante dizer também que o conceito de ideologia de Gramsci avança sobre a concepção de ideologia de Marx[22]. Sua abordagem se mantém na trilha marxista, sendo atualizada e traduzida a partir das condições postas pela realidade italiana. No trecho abaixo, podemos observar um pouco desta tradutibilidade no comentário feito por Francioni à passagem do Q 7 § 38,

> [...] Gramsci adapta a frase de Marx fazendo algumas inversões, cita apenas a parte "os homens se conscientizam (deste conflito) no terreno ideológico" e coloca entre parênteses "deste conflito", tendo em vista o que pretende afirmar mais adiante na nota, onde formula com precisão a hipótese de que o terreno ideológico é aquele em que ocorrem todas as formas de conhecimentos, não

---

22. Estudos atuais como os de Francesca Antonini, da Lichtenberg-Kolleg (Georg-August-Universität Göttingen, Alemanha), demonstram que Gramsci teve acesso a uma antologia de Marx escrita em língua russa em que continha algumas partes da *Ideologia alemã* e de *O capital* (Exposição na Mesa IV, *Gramsci leitor de Marx*, ocorrida em 31/08/2022, no III Colóquio Internacional Antonio Gramsci – IGS/Brasil, Goiânia).

> apenas a do conflito entre "forças materiais de produção" e "relações de produção" (FRANCIONI, 2018, p. 148).

Atualmente o conceito ideologia, no Brasil, tem se tornado mais conhecido por todas as propagações da extrema direita via mídias sociais como uma arma apologética dos grupos que defendem a ideologia ultraliberal, evocando a discriminação dos direitos sociais e toda forma de organização e movimento de origem trabalhadora. Esse discurso se fundamenta nos ideários da guerra cultural (ROCHA, 2021), pautando as referências na deterioração dos conhecimentos e informações, aprofundando as concepções fragmentárias de mundo.

Não se trata de discutir aqui a diversidade de erros e bizarrices promovidos por estes grupos, tampouco seus efeitos na mentalidade popular, mas assinalar que, em Gramsci, a ideologia tem o poder de mobilização igual ao de outras crenças populares e um papel central no desenvolvimento de um senso comum mais avançado e menos fragmentário.

Sétima lição

Tradutibilidade: conceito revolucionário

Iniciamos esta seção partindo da análise sobre a literatura especializada produzida por Boothman (2004), demonstrando a existência de duas frentes de investigações sobre a tradutibilidade gramsciana, uma sobre as possibilidades teóricas e outra sobre as possibilidades práticas, considerando um conjunto de especificidades das línguas nacionais e paradigmas científico-filosóficos, ambas linguagens entendidas na sua relação estreita com a cultura. Outra frente envolve as concepções e termos diversos de cada cultura, sendo reciprocamente tradutíveis como ocorre nos casos das civilizações greco-romanas, ou como ambas culturas são retomadas no período do humanismo e no renascimento.

Para entender essas duas frentes, é necessário conhecer o tratamento das categorias tradução e tradutibilidade em Gramsci, tomadas como sinônimos (cf. BOOTHMAN, 2017, p. 779-782).

A tradutibilidade faz referência à tradução de uma língua para outra, para além da dimensão formal, buscando incorporar as concepções filosóficas científicas e culturais, pois "língua significa também cultura e filosofia" (Q 10, § 44, p. 1.330). Na metodologia de tradução de textos científicos, não científicos e filosóficos, Gramsci seguirá o caminho da aproximação das culturas, no sentido de que uma língua natural nunca é traduzida exatamente para outra, por conta das suas especificidades. A tradução prescinde de um conjunto de adaptações, aproximações, ajustes para que a cultura destinada possa incorporar não apenas o sentido literal, mas o simbólico e interpretativo. Ele observa, no Q 26, § 11, que certos termos são tão expressivos de uma determinada língua natural que é impossível entendê-los fora do seu contexto, como são os casos do *Risorgimento* na Itália, *Renascimento* na França e *Reconquista* originada na linguagem militar, dentre outros.

Também é possível depreender sua noção de tradutibilidade quando nos remetemos à Carta 333, endereçada à Júlia, de setembro de 1932, sobre a qualidade do tradutor:

> não só a capacidade elementar e primária de traduzir a prosa da correspondência comercial [...] ou no tipo de prosa jornalística. [...] mas ainda não

> basta: um tradutor qualificado deve ser capaz de não apenas traduzir literalmente, mas de traduzir os termos, inclusive conceituais, de uma determinada cultura nacional, nos termos de uma outra cultura nacional (LdC, 333, p. 613).

Gramsci investigará o nexo conceito-cultura-língua como objeto da tradutibilidade e como ato político que intenta o encontro de culturas diversas para que se conheçam (Q 11, § 47). Da mesma forma, sem a devida correspondência dos termos, conceitos, expressões e concepções de uma língua estranha às dimensões culturais de uma outra de destino, as possibilidades de sucesso serão pequenas. O critério do sucesso ou não de uma determinada tradução será a avaliação das classes e grupos sociais, que poderão decidir sobre sua qualidade.

A tradução implica aproximações que necessitam, por sua vez, de ajustes na linguagem, nos sentidos denotativos e conotativos, para a formação da "opinião pública" (cf. Q 7, § 83, p. 914), de tal modo que emerjam as diferenças onde elas não parecem existir e as semelhanças onde aparecem como diferenças. Logo, tradução antes de ato linguístico, é um ato cultural, político e social. Nesse sentido, para Boothman

(2017, p. 782), Gramsci antecipa tendências como o movimento sociolinguístico nos estudos modernos e também a "'viragem cultural' entre os tradutólogos na década de 1980".

Uma outra noção encontrada no Q 10, § 20 e 44 sobre tradução diz respeito à relação teoria-prática, onde encontramos os debates com os pragmatistas. Partindo destes e mantendo as devidas diferenças, o que Gramsci defende é a tradução da vida histórica em linguagem teórica, e não o inverso como pensavam os pragmatistas, impondo uma espécie de hipostasia do abstrato sobre a prática.

Destacamos ainda a abordagem de Gramsci (Q 11, § 48, p. 1.468-1.470) a partir do texto de Giovanni Vailati[23], retomando à passagem da

---

23. Filósofo, historiador e matemático italiano nascido em Crema, viveu entre os anos de 1863-1909, é destacado nas interlocuções com os Gramsci pelas suas ideias pragmáticas, considerando suas influências de John Pierce, do Círculo de Viena, Ramsey e Wittegnstein. Há aproximações e diferenças fundamentais entre a filosofia da práxis gramsciana e o pragmatismo de Vailati, especialmente na compreensão da linguagem, tratada não apenas como código gramatical, mas como a expressão cultural e suas dimensões ideológicas e políticas. Vailati é utilizado como exemplo de linguagem especializada ao traduzir uma teoria geométrica para a álgebra ou da moral hedonista para a moral kantiana. A contraposição feita a Vailati se concentra no seu tratamento da linguagem na perspectiva neopositivista, sugerindo um caminho ideológico hipostasiado entre linguagem e realidade, cujas consequências

Sagrada Família, onde se encontra a afirmação de Marx de que Proudhon[24], de tradição francesa, poderia ser traduzido na linguagem alemã. Esse é um problema essencial reconhecido por Gramsci, ao desenvolver sua tese a respeito da tradução entre linguagens e culturas, não apenas de linguagens particulares de personagens da ciência como observam alguns críticos de Vailati, mas "para o historiador, em realidade, estas civilizações (francesa e alemã) são traduzíveis reciprocamente, reduzíveis uma à outra. Esta tradutibilidade por certo não é 'perfeita' em todos os detalhes, até mesmo importantes [...], mas o é no seu 'fundo' essencial" (Q 11, § 48, p. 1.470).

A tradutibilidade gramsciana também diz sobre a necessidade de a *filosofia da práxis* chegar a todos os estratos sociais criando uma espécie de senso comum mais avançado em forma de

---

para a formação de uma nova mentalidade, esbarraria exatamente no reforço à subalternização das classes populares.

24. Pierre Joseph Prudhon, nasceu em 1809 em Besançon, França, morreu em 1865 em Paris. Filósofo, escritor, economista e político. Envolvido nas causas sociais do século XIX, deixou entre seus escritos mais conhecidos a obra *Filosofia da Miséria* (1846), em que aponta os limites do desenvolvimento capitalista para as classes trabalhadoras. Essa obra ocasionará resposta de Karl Marx na obra *Miséria da Filosofia* (1847), em que critica a perspectiva de Prudhon, considerando-o anarquista e positivista.

fé popular. Mesmo que esforços dessa natureza nem sempre sejam bem sucedidos, precisam ser efetuados pois também é possível, de traduções medíocres, derivarem avanços posteriores e finalidades avançadas.

Segundo Lacorte (2014, 2017 e 2019), a tradutibilidade da filosofia para a política enfoca a perspectiva revolucionária da *filosofia da práxis*. A perspectiva não é apenas a difusão de uma nova cultura por meio de uma reforma intelectual e moral, mas avançar numa nova consciência e num novo modo de viver. Com isso, sua perspectiva de transformação sintetizada nos *Quaderni* implica a concepção de uma teoria que transforme a realidade, então a traduza em formas mais avançadas de vida, superando as diferenças entre os grupos subalternos e dominantes. Nesta mesma direção, afirma Fresu (2020, p. 319), "A tradução do terreno filosófico para o da práxis seria a essência do materialismo histórico e uma das razões de sua superioridade sobre outras visões filosóficas, razão pela qual Gramsci adota definição de Labriola: filosofia da práxis"[25].

---

25. Nasceu em 1843 em Cassino, Itália, faleceu em 1904 em Roma, Itália. Filósofo pensador que se aproximou do marxismo e desenvolveu a fórmula *Filosofia da práxis* (*filosofia della prassi*) como um modo de afastar-se das interpretações

Inspirado pelos fatos históricos, dentre eles a Primeira Guerra Mundial, a revolução russa e o fascismo, Gramsci busca compreender a realidade italiana traduzindo-a de modo criativo a partir de outras línguas e paradigmas científicos e filosóficos. Estimulado e ao mesmo tempo cauteloso com a observação de Lenin no IV Congresso Internacional Comunista de Moscou em 1922, Gramsci observa: "Em 1921, tratando de questões organizacionais, Illich escreveu e disse (mais ou menos) o seguinte: não conseguimos 'traduzir' a nossa língua para as línguas europeias" (Q 11, § 46, p. 1.468). Gramsci avançará na caracterização de uma frente de reflexões da tradutibilidade, onde as línguas nacionais são compreendidas e expressas como culturas nacionais diversas. Essa compreensão lhe permite, por exemplo, tomar Croce como interlocutor principal estabelecendo o critério geral de tradução de linguagens científicas e filosóficas entre diferentes paradigmas a partir da rubrica geral da relação entre as filosofias especulativas e a *filosofia da práxis*. Na passagem abaixo, ob-

---

utópicas e/ou positivistas do materialismo histórico. Essa fórmula será retomada por Gramsci pela primeira vez no Q 5 e aprofundada ao longo dos seus escritos como a expressão da teoria mais avançada do marxismo depurada de todo imanentismo e sustentada na ação concreta humana.

servamos um momento deste exercício, em que o autor analisa criticamente a posição de Croce sobre o materialismo histórico, tentando reduzi-lo a um esquema ideal tipo kantiano:

> O próprio princípio da tradutibilidade recíproca é um elemento "crítico" inerente ao materialismo histórico, no sentido de que se assume e postula que uma dada fase da civilização possui uma expressão cultural e filosófica "fundamentalmente idêntica", mesmo que a expressão tenha uma linguagem diferente da tradição particular de cada "nação" ou de cada sistema filosófico (Q 7, § 1, p. 851).

No *Quaderni 11*, nota III, Gramsci levantará questões sobre as linguagens dentro da hipótese de que se elas expressam concepções de mundo, e de que, por meio da tradução será possível entender a maior ou menor complexidade destas. Ao se restringir ao dialeto, uma determinada cultura pode encerrar-se nos limites circunscritos do regionalismo e do corporativismo. Nesse sentido, Gramsci compreende a necessidade do conhecimento de outras línguas para adentrar-se nas culturas mais complexas ou também no profundo conhecimento da língua nacional:

> Se nem sempre é possível aprender outras línguas estrangeiras a fim de colocar-se em contato com vidas e culturas diversas, deve-se pelo menos conhecer bem a língua nacional. Uma grande cultura pode traduzir-se na língua de outra grande cultura; isto é, uma grande língua nacional historicamente rica e complexa pode traduzir qualquer outra grande cultura, ou seja, ser uma expressão mundial (Q 11, § 12, nota III, p. 1.377).

A tradução entre paradigmas também será objeto de análise de Gramsci, ou seja, entre diferentes concepções científicas e filosóficas. Croce será um interlocutor privilegiado, uma vez que este traduz o pensamento historicista em linguagem abstrata (ético-política), motivando Gramsci a traduzi-lo em linguagem historicista da *filosofia da práxis*. Tradução que aponta a relação de mão-dupla, ou seja, os paradigmas podem ser compreendidos numa e noutra direção, entre paradigmas diversos e contraditórios. Com isso, Gramsci fez avançar o marxismo, utilizando como seu paradigma a *filosofia da práxis* na aproximação, comparação e crítica aos demais paradigmas.

A economia crítica de David Ricardo, por exemplo, é traduzida nos termos da *filosofia da práxis*, tendo como referências os três momentos deste período histórico, o filosófico, o político e o econômico, expressando cada um destes a especulação alemã, a Revolução Francesa e o industrialismo inglês, vertidos na linha do historicismo crítico e realista no sentido de que: "Parece que sim, posso dizer que somente na filosofia da práxis a 'tradução' é orgânica e profunda, enquanto, de outros pontos de vista, costuma ser um simples jogo de 'esquemas' genéricos" (Q 11, § 47, p. 1.468).

Por que a *filosofia da práxis* é vista como a concepção mais avançada? Nela estaria uma concepção de mundo completa, capaz de tornar-se referência para a tradutibilidade dos demais paradigmas representados na tradição por alguns autores, tais como Maquiavel[26], Vincenzo

---

26. Nicolau Maquiavel (1469-1527) representa uma inflexão decisiva para a formação dos paradigmas modernos da política, especialmente pela leitura dela a partir da história das civilizações, sintetizada no conceito da "verdade efetiva das coisas", em que conta a realidade como é, nos seus conflitos de poderes. Autor central na interlocução de Gramsci sobre política e a concepção do moderno Príncipe, história italiana e outros.

Cuoco[27], Benedetto Croce e Piero Gobetti[28] dentre outros. A tradução desses paradigmas não se dá diretamente para a *filosofia da práxis*, "mas necessita de sua reinterpretação por meio da crítica do paradigma considerado e dos termos singulares que são objeto da eventual tradução" (BOOTHMAN, 2017. p.783).

Na tese da hegemonia estará implícita toda a pujança da tradutibilidade como reforma moral e intelectual. A linguagem analisada do ponto de vista "puro" não explica a complexidade ou perde importantes dimensões da historicidade que a originam. Mesmo a semiótica, que será posterior a Gramsci, não superará o que ele

---

27. Vicenzo Cuoco (1770-1823), historiador e um dos precursores do pensamento liberal italiano, conhecido, especialmente pela sua obra de 1799, *Saggio Storico sulla revoluzione napolitana de 1799* (Ensaio histórico sobre a revolução napolitana de 1799). Pertencente à escola realista, trata do fenômeno da política ancorada nos aspectos históricos e sociais. Influenciou Gramsci no conceito de revolução passiva.

28. Piero Gobetti (1901-1926), intelectual, jornalista e liberal na compreensão de mundo, deixou seu legado com as contribuições vinculadas aos círculos intelectuais neoidealistas e liberais reunidos ao redor de revistas como *L'Unità* (dirigida por Gaetano Salvemini) e *La Voce* (dirigida por Giuseppe Prezzolini), nas quais se inspirou para criação do jornal *Energie Nova* (Novas Energias). Sua perspectiva intelectual e engajada lhe rendeu um importante papel no pós-primeira guerra, na defesa do idealismo patriótico e na defesa do nacionalismo italiano (cf. MUSSI, 2020).

introduziu com o conceito de tradutibilidade, ou seja, o caráter sociolinguístico das ideias e das ideologias. Por isso, Gramsci partirá da linguística histórica porque a atualização de uma linguagem é a forma de encontrar com os significados renovados pelas novas experiências nacionais.

Marx[29], Engels e Lenin, os fundadores originais da *filosofia da práxis*, são as bases teóricas de Gramsci, e se constituem como as principais interlocuções para elaboração do conceito de tradutibilidade. A fusão entre a linguagem na sua vertente histórica com estas matrizes teóricas é que garantirá a Gramsci o conceito de tradutibilidade revolucionário. De Lenin, buscou a experiência dos bolcheviques na Rússia e a tradutibilidade para os Conselhos de Fábricas (2019-2020); de Marx e Engels, incorpora, atualiza e traduz a *filosofia da práxis*.

O tema da tradutibilidade nos coloca diante de uma questão central da obra gramsciana, a da necessidade de comunicação e compreensão recíproca entre as nações, culturas, línguas naturais e outros. A questão que permeia suas

---

29. Os textos principais de Marx para a interlocução da tradutibilidade foram *A Sagrada Família* (1844) e *Teses sobre Feurbach* (1845).

reflexões diz respeito ao momento histórico de cada civilização e culturas e se elas são tradutíveis. Ele demonstrará que sim, e veremos toda sua obra entrecortada pela concepção da tradutibilidade.

Uma questão que nos interessa em termos de Brasil é a tradutibilidade do próprio Gramsci para a realidade nacional. Como já descrito no início deste livro, a história da tradução original dos seus textos acompanhada de um conjunto de limitações de ordem histórica, temporal e pelo atraso na recepção da obra aqui não impediram que o seu pensamento fosse compreendido e interpretado à luz da realidade nacional. As traduções para o Brasil a partir da década de 1960 foram rapidamente aceitas e disseminadas, não apenas nos círculos acadêmicos, mas nos movimentos sociais. Passadas essas décadas, vimos nos deparando com outras leituras, interpretações e traduções que nos colocam novamente outro problema, o de se manter fiel a um autor e ao mesmo tempo traduzi-lo e atualizá-lo.

O Brasil tem sido uma "sementeira" e um campo fértil ao pensamento gramsciano, o que é comprovado pelo volume de materiais impressos nos últimos anos e na aderência de importantes estratos sociais a conceitos e concepções de mundo defendidas por Gramsci. O desafio agora é ainda maior, diante do avanço da crise da democracia liberal, no território político, econômico e filosófico, para recolocar os problemas antigos em novas realidades. Vale sinalizar a importância da criação da International Gramsci Society – IGS/Brasil, em 2015, no Rio de Janeiro, resultado do empenho de importantes tradutores e intérpretes da obra no Brasil, e no desenvolvimento de uma série de estudos e levantamentos sobre as traduções do autor no território nacional.

Oitava lição

Jornalismo e cultura

Gramsci tornou-se jornalista e escritor tendo o jornalismo como tema desde a juventude. Foi colaborador do jornal *Unione Sarda* (1910), passando pelo *Grido del Popolo* (semanário socialista), *L'Avanti* (jornal), até *L'Ordine Nuovo* (revista) e L'Unità (jornal), dentre outras participações como em *La Cittá Futura*, do Piemonte, e em *La Correspondance Internacionale* (setor de comunicação da Internacional Comunista – IC). Em carta à sua esposa Júlia, de dezembro de 1936 (LdC, 448, p. 787-788), ele demonstra seu interesse por textos escritos de modo sistemático e concretos, a exemplo dos jesuítas. Seu interesse pelo escrito cotidiano fazia parte da sua estratégia de formação unitária dentro de uma perspectiva de projeto nacional-popular. Também na correspondência de 7 de setembro de 1931 (LdC, 250, p. 457), endereçada à Tatiana, sua cunhada, fala que escrevia muito sobre questões do dia a dia: "em dez anos de jornalismo escrevi linhas suficientes para encher quinze ou vinte volumes de quatrocentas páginas", e que edições mais monográficas não lhe interessavam no momento. Mudou de ideia no período da prisão, considerando escrever *für ewig*. Do mesmo modo como foi um combatente por uma reforma "intelectual e moral" também se posicionou francamente diante das questões como pensador crítico e dialético, no compromisso segundo o qual "dizer a verdade é revolucionário", conforme o lema do semanário *L'Ordine Nuovo* – 1919-2021, tal como relata para Tatiana em correspondência de 12 de outubro de 1931.

> Nunca fui jornalista de profissão, que vende sua pena a quem paga melhor e deve continuamente mentir, porque a mentira faz parte de suas qualificações profissionais. Fui jornalista absolutamente livre, sempre de uma só opinião, e nunca tive de esconder minhas profundas convicções para agradar a patrões ou prepostos (LdC, 257, p. 478).

O *Quaderni 24* resultou do seu estudo sistemático durante o período do cárcere tratando do tema jornalismo. O jornalismo comporia tanto os elementos formativos quanto os informativos, no sentido de dar a conhecer aos públicos as condições da realidade, mas ao mesmo tempo ajudaria a pensar, criticar, duvidar e questionar essa mesma realidade. Por isso, são importantes não somente as revistas, mas os periódicos, os semanários e os jornais diários, compreendendo um "jornalismo integral". Desse modo, as sínteses e reflexões podem contribuir com a ampliação de um senso comum com vistas à hegemonia.

No início de suas contribuições como jornalista em *Grido Del Popolo* e *Avanti!*, durante a Primeira Guerra Mundial, já se apresentava em estilo histórico e dialético, porém em linguagem jornalística, o qual, de acordo com Fiori, "transparecia claramente em Gramsci desde então a tendência a um método, que depois será chamado de 'maiêutico', 'socrático', de educação das massas, e não de simples excitação com discursos de tribunos" (FIORI, 1979, p. 128-129).

Encontraremos nos *Quaderni* referências ao jornalismo em diversos momentos e em diversas perspectivas, respeitando o princípio de que as pessoas não pensam de modo homogêneo e nem recebem as mensagens do mesmo modo. Por isso, sua atenção com a variação dos tipos de produções jornalísticas se vinculava à diversidade do público e a um projeto de jornalismo "integral". Este também cumpriria a função de ampliar a formação intelectual para além do modelo tradicional, como deixa dito em correspondência de 7 de setembro de 1931 à Tatiana: "por outro lado eu amplio muito a noção de intelectual e não me limito à noção corrente que se refere aos grandes intelectuais" (LdC, 250, p. 458).

Da mesma forma, seus escritos refletem a necessidade de uma escola de jornalismo a fim de especializar grupos de intelectuais para o desenvolvimento dessa dimensão comunicativa integral na sociedade. Em diversos momentos dos seus textos, Gramsci insistirá na importância de centros de formação de profissionais do jornalismo, no sentido de espaços de pensamento articulados para analisar a vida nacional italiana. Ele percebeu a importância destes centros em países como Inglaterra e França para a comunicação com as especificidades da vida da população e a compreensão da complexa cultura nacional (cf. Q 2, § 83 e 86). A baixa concentração de jornais e jornalistas na Itália permitiu que se desenvolvesse uma espécie de escola baseada na prática, em que jornais maiores servem de referência para os menores e vice-versa. Gramsci sugere que os próprios jornais possam criar suas escolas de modo que os jornalistas tenham períodos de formação com especialistas de diversos assuntos e, ao mesmo tempo, a ampliação da experiência profissional nos diversos espaços da produção de um jornal. Por isso, também sugere no Q 3, § 89, p. 530 um estudo sistemático sobre o jornalismo das principais capitais dos estados, segundo alguns critérios buscando as semelhanças, as diferenças, análise das diferentes impressões (esportivo, econômico...), sobre as tiragens, os leitores, público alvo, e outros.

No Q 6, § 65, p. 734, aborda a temática do jornalismo centralizado no Estado como foi a proposta de Napoleão III (1808-1873), ideia polêmica, uma vez que as concessões ocorrem nos governos liberais onde se confundem as dimensões da sociedade civil com as de um determinado governo. Gramsci defenderá uma imprensa de Estado que permita o acesso de todos à informação, caso contrário seria uma forma de impor a "síntese" das formas liberais e oligárquicas para o resto da população.

Numa versão diferente, Gramsci escreveu no Jornal *Avanti!*, em 22 de dezembro de 1916, perguntando-se sobre as razões dos trabalhadores contribuírem diariamente com os jornais burgueses, fomentando-os e, ao mesmo tempo, incorporando sua ideologia. Comenta ainda que o fato de os trabalhadores não conhecerem a realidade como é permite que a "verdade" burguesa prevaleça.

> Acima de tudo, o trabalhador deve rejeitar resolutamente qualquer solidariedade com um jornal burguês [...]. Tudo o que se publica é influenciado por uma ideia: a de servir à classe dominante, e que se traduz inelutavelmente em um fato: o de combater a classe operária. E, de fato, da primeira à última linha, o jornal burguês fareja e revela essa preocupação (AVANTI, 22/12/1916).

Por conta disso, é fundamental o trabalho de ampliação cultural e a aproximação dos trabalhadores às diversas e contraditórias realidades. O rompimento da estrutura de informações dos jornais centralizados no Estado burguês é parte do projeto de construção de uma nova mentalidade baseada em consensos ativos.

Ao analisar a imprensa escrita italiana (Q 8, § 7, p. 941) Gramsci entende que não é possível existir um jornal de opinião e outro popular, como os da França. O jornalismo italiano é difuso e incapaz de buscar uma unidade nacional a partir de princípios políticos e culturais. Ao contrário, a tendência é de linhas populares como o *Il Secolo* se repaginando nos partidos populares (partidos de Ação Católica). Dito isso, Gramsci apresenta a necessidade de um jornalismo que preze pela verdade, porque "na política de massa dizer a verdade é uma necessidade política, precisamente" (Q 6, § 19, p. 700).

Passaremos agora ao estudo do *Quaderni 24*, escrito no ano de 1934, depois da transferência da prisão de Turi[30] à clínica de Fórmia. As análises de Gramsci procuram desenvolver o que chamou de "jornalismo integral", um tipo que não apenas objetiva atender a um determinado público em suas necessidades, mas em certo sentido, criar outras necessidades e seu próprio público. O jornalismo de seu tempo se via numa série de condições limitantes para sua realização integral, o que lhe impunha tarefas "mecânicas" imediatas. Não é este o jornalismo que Gramsci pretende tratar, mas daquele que esteja vinculado a um projeto mais amplo, articulado a um grupo cultural mais ou menos coeso e que vá avançando em uma nova concepção cultural. Este jornalismo compreende um planejamento que extrapola o imediato e o mecânico, e pressupõe as premissas para se afirmarem determinadas finalidades. No decorrer da realização do "plano", o jornalismo deve funcionar como se faz com o analfabetismo. Uma vez cumprido

---

30. Prisão penal especial de Turi, localizada na província de Bári, sul da Itália. A Clínica de Dr. Giuseppe Cusumano foi escolhida pela polícia e se localizava na cidade de Fórmia, região do Lácio, Província Latina da Itália.

o processo de alfabetização de uma turma, não necessariamente encerra-se o analfabetismo, ao contrário, ele aparecerá sob outros modos requerendo novos objetivos e metas.

A distinção entre os perfis de jornais observados na imprensa francesa será dividida em jornalismo mais "genérico", de informação para um público popular, e do jornal de "opinião", que se dirige a públicos mais especializados. Feitas as distinções, dois jornais italianos são destacados em termos de "técnica jornalística", o *Il Secolo*, de Milão, fundado em 1865 e o *Il Corriere della Sera*, fundado em 1876. O primeiro era mais "primitivo", defendendo um programa vago de laicismo e democratismo e incapaz de gerar uma unificação político-cultural. Essa tarefa será assumida pelos conservadores unidos ao *Corriere*, no período liberal que corresponde à década anterior à Primeira Guerra Mundial, chamado de período Giolitiano[31] (1842-1928). Este período é marcado pela

---

31. Giovanni Giolitti foi Primeiro-ministro da Itália em cinco oportunidades entre os anos de 1892 e 1921. Costuma-se denominar Giolitismo o período que antecede a Primeira Guerra Mundial (1901-1914), em que Giolitti assumiu funções como Primeiro-ministro e também como Ministro do Interior. Suas habilidades políticas como liberal o tornam personagem das análises gramsciana, pelas suas ideias e a implementação de um liberalismo de continuidade do tipo "revolução-restau-

unificação político-cultural e nacional italiana, articulada e sustentada pelas burguesias industrial laica e agrária católica. A subordinação dos intelectuais pequeno-burgueses e das tendências populares se desenvolveu por essas duas classes fundamentais, garantindo o consenso com os estratos sociais mais baixos.

Em relação às revistas, Gramsci as divide em três tipos: a primeira pela maneira como são elaboradas, a segunda pelo público destinado, e a terceira pelas pretensões educativas que encerram. Ao destacar os três tipos, Gramsci aborda sua importância na perspectiva da formação cultural e política, indicando seu papel formativo, especialmente na elevação do senso comum da população:

> Um organismo unitário de cultura que oferecesse às várias camadas do público os três tipos de revistas mencionados anteriormente (e, por outro lado, um espírito comum deveria circular entre os três tipos) apoiado por coleções de bibliotecas correspondentes atenderiam às necessidades de uma

---

ração", incorporando técnicas do "transformismo". A crítica mais importante encontrada nos *Quaderni* diz respeito aos limites deste período, incapazes de gerar uma revolução ampla e profunda, empurrando a Itália para a guerra e, por fim, abrindo espaços para o regime fascista, a partir de 1922.

> certa massa de público que é mais intelectualmente ativa, mas apenas no estado potencial, que é mais importante para elaborar, para fazer pensar concretamente, transformando, homogeneizando, de acordo com um processo de desenvolvimento orgânico que leva do senso comum simples ao pensamento coerente e sistemático (Q 24, § 3, p. 2.263).

As revistas poderiam prever sínteses acompanhadas de elaborações analíticas detalhadas para chegar ao público comum, permitindo a compreensão do emaranhado de mediações, argumentos, vínculos entre os fenômenos e os processos que lhes sucedem. Numa estratégia de formação cultural, os movimentos históricos complexos podem ser decompostos em camadas diversas no espaço e no tempo e em diversos planos. "é, portanto, necessário oferecer a ele toda a série de raciocínios e conexões intermediárias, bem individualizadas e não apenas para sugestões" (Q 24, § 3, p. 2.264).

Nas revistas, são indispensáveis algumas rubricas para o exercício de desenvolvimento analítico e intelectual de crítica às ideologias passadas e à divulgação de uma cultura avançada em um senso comum diverso e variado: a primeira seria um

> Dicionário enciclopédico, político-
> -científico-filosófico. [...] Biografias.
> [...] Autobiografias político-intelec-
> tuais. [...] Exame crítico-histórico-bi-
> bliográfico das situações regionais [or-
> ganismo geoeconomicamente diferen-
> ciado]. [...] Uma compilação sistemá-
> tica de jornais e revistas para as partes
> que interessam às rubricas fundamen-
> tais. [...] Resenhas de Livros. [...] [e]
> Uma compilação crítico-bibliográfi-
> ca, ordenada por assunto ou grupo de
> questões, da literatura referindo-se aos
> autores e às questões fundamentais
> para a concepção do mundo que está
> na base das revistas publicadas, envol-
> vendo os autores italianos e as tradu-
> ções italianas dos autores estrangeiros
> (Q 24, § 3, p. 2.264-2.267).

A condução de uma consciência unitária nacional e homogênea não prescinde apenas de um centro que comunique amplamente, pois o público não capta as comunicações do mesmo modo. É necessário um conjunto variado e múltiplo de formas para se chegar a uma formação nacional, pois "o mesmo raio luminoso, passando por prismas diversos, das refrações de luz diversas: se se pretende obter a mesma refração, é necessária toda uma série de retificações nos prismas singulares" (Q 24, § 3, p. 2.268)[32].

Esse trabalho de construção unitária nacional não ocorre sem uma base histórica que contemple as premissas para sua concretização. A complexidade do trabalho exige mais do que leituras estatísticas, ou seja, um aprofundamento analítico-crítico de toda a literatura conhecida e reconhecida pelo público, acompanhada da crítica às ideologias do passado. A mudança cultural ocorre lentamente e pelo conjunto de associações, elementos e técnicas do passado e do presente em combinações, dentre outras. "(A referência ao fato de que, por vezes, o que se tornou 'ferro velho' na cidade ainda é 'utensílio' na província pode ser desenvolvida com utilidade)" (Q 24, § 3, p. 2.269).

A formação de um senso comum elevado é fundamental para o movimento revolucionário que pretenda construir uma concepção dialéti-

---

32. Em *Os Prismas de Gramsci*, obra de autoria de Marcos Del Roio, reeditada em 2019 pela Editora Boitempo, são analisadas as estratégias da Frente Única na Itália diante da criação do PCI Italiano até as Teses de Lyon de 1926. O autor se utiliza da metáfora dos prismas a partir do (Q 1, § 43, p. 33), para demonstrar os processos dialéticos das elaborações gramscianas buscando articular a unidade e a identidade da classe trabalhadora, o papel do partido, e todo o processo de enfrentamento dos retrocessos impostos pelo fascismo.

ca de mundo. Nisso, contribuem precisamente centros difusores mais ou menos homogêneos de ideias. A crítica da literatura mais difundida popularmente e suas raízes ideológicas fizeram parte do projeto de Gramsci para compreender as diversas e variadas formas da vida nacional italiana. "Na realidade, cada movimento político cria sua linguagem, isto é, participa do desenvolvimento geral de uma linguagem, introduzindo termos novos, enriquecendo com novos conteúdos os já em uso, cria metáforas, se utiliza de nomes históricos para facilitar a compreensão e o julgamento" (Q 1, § 43, p. 31).

A elaboração de uma linguagem, consciência e cultura próprias não se faz do mesmo modo e com os mesmos métodos. Por isso, a importância da análise das literaturas mais difundidas e também a crítica das correntes ideológicas às quais elas estão vinculadas.

> Um erro generalizado consiste em pensar que toda camada social elabora sua consciência e sua cultura da mesma maneira, com os mesmos métodos, ou seja, os métodos dos intelectuais profissionais. [...] É ilusório atribuir essa capacidade "adquirida" e não inata a todos. É ilusório pensar que uma "ideia clara" adequadamente difusa se encaixa nas diferentes consciências

com os mesmos efeitos "organizadores" da clareza generalizada (Q 1, § 43, p. 33).

Gramsci indica que o trabalho de formação unitária incide sobre o senso comum, que é o resultado de determinada filosofia, considerando que todo estrato social possui senso comum e também bom senso. Se as revistas forem bem escritas e capazes de atingir a opinião média, tende a ser bem difundida. A mudança do senso comum é, sem dúvida, uma necessidade, uma vez que este não é fixo, mas suscetível às mudanças, enriquecendo com novas noções filosóficas, científicas e outras (cf. Q 24, § 4, p. 2.270-2.271).

A perspectiva do jornalismo de Gramsci mantém sua atualidade abrindo espaços de análises necessárias para a compreensão e crítica dos processos de formação cultural diante dos desafios hegemônicos atuais. Considerando que os poderes que controlam os veículos de comunicação têm capturado o jornalismo investigativo, tendendo a reproduzir o pensamento de quem lhes financia, dadas as condições de controle e empobrecimento das comunicações corporativas, diante dos processos de manipulação das mídias nacionais e internacionais, ter um contraponto como de Gramsci é fundamental. Qualquer jornalista sabe a quem respondem veículos de comunicações como *Washington Post*, *Times*, *CNN*, *BBC*, dentre outros, em termos de ideologia mundial, ou veículos como a *Rede Globo*, *Bandeirantes*, jornal *O Globo*, *Estadão* ou *Folha de S.Paulo*, aqui no Brasil. São conhecidos também os boicotes e cerceamentos às mídias nacionais e internacionais que encampam mentalidades políticas e culturais diversas dos grupos conservadores norte-americanos impossibilitando o acesso democrático aos fatos.

Um jornalismo proselitista tem se instalado há décadas no Brasil, reproduzindo não apenas as ideias liberais e a submissão à potência americana, mas aprofundando as pautas subservientes nos campos econômico, cultural e político. Com manobras e estratégias usadas contra a verdade dos fatos, as mídias corporativas criam barreiras para toda e qualquer reação à ideologia dominante, levando a opinião pública a incorporar mentalidades de uma cultura rebaixada. Dos eventos mais recentes, é importante relembrar da Operação *Lava Jato* (2014-2021) e do *Golpe* contra a Presidente Dilma Roussef (2016) como expressões degradantes e desestruturantes que a imprensa incentivou, a ponto de fortalecer um clima protofascista com o caminho aberto à extrema direita no país.

O desafio de um jornalismo integral, centrado numa proposta revolucionária, encontra inspiração em Gramsci e uma importante ressonância no que conhecemos como mídias alternativas. Essas mídias têm realizado um trabalho jornalístico muito mais profundo e aproximado daquilo que conhecemos como jornalismo profissional e investigativo, numa certa medida buscam salvaguardar a função crítica do jornalismo e o compromisso com a verdade.

O próximo tema a seguir tratará da abordagem de Gramsci sobre a ética, cuja âncora é a política sustentada na história como componente da práxis das lutas sociais para a construção da liberdade.

Nona lição

Ética: da necessidade à liberdade

É possível afirmar que, em Gramsci, a ética se estabelece na "utopia como ideia-limite", impulsionada pela perspectiva marxista da passagem do "reino da necessidade para o reino da liberdade"[33]. Uma constatação comum entre os estudiosos de Gramsci é de que a ética não tem um tratamento sistemático em sua obra. No entanto, encontramos aspectos da ética incorporados em todo o seu pensamento, articulados pelos temas relativos aos governantes e governados. A política constituiria o fundamento da ética como base ancorada na história, em oposição a qualquer universalismo como o "Tu deves" kantiano, que reduz a ética ao campo individual e truísta. A ética é tratada e compreendida como

---

33. Tratamos do significado da ética a partir da perspectiva histórica e revolucionária de Gramsci, que é dimensão constituinte da realidade humana em processo de autoconstrução.

implícita nas análises sobre a *filosofia da práxis*, a partir da realidade italiana, sobre os desdobramentos do fascismo e também acerca das razões pelas quais a possibilidade de revolução socialista não houvera se materializado.

Em Cacciatore (2004), observamos que é pertinente reconhecer a ética como uma das dimensões da obra gramsciana, sem correr o risco de fazer de Gramsci um sistematizador da temática: "Não parece infundada uma linha interpretativa dirigida a privilegiar como um dos maiores aspectos a permanência de uma produtiva atualidade da reflexão gramsciana e a centralidade do elemento ético nos processos de transformação histórico-crítica da práxis humana" (CACCIATORE, 2004, p. 352).

O autor supracitado localiza a ética no tratamento gramsciano articulada à política e à *filosofia da práxis* com vistas a uma reforma intelectual e moral. Dessa forma, vai na contramão de determinadas abordagens subjetivas e voluntaristas atribuídas a Gramsci.

> A convicção de que Gramsci pode com pleno título comparar-se com as mais cautas tendências do debate do século XX, sobretudo na fase atual em que este parece querer invadir não somente a filosofia e a política, senão também a ciência e as condutas da vida,

> talvez encontre sua melhor confirmação na busca contínua dos nexos entre a historicidade do real e a formação de opiniões individuais e coletivas, entre uma realidade que é historicamente relativa e os múltiplos sentidos comuns que esta realidade modifica no momento mesmo em que contribuem em modificá-la (CACCIATORE, 2004, p. 359).

Na mesma direção, Montilla (2012) indica que

> Gramsci não escreveu nenhum tratado de ética normativa. E não era um filósofo acadêmico nem um político corrente, especialmente preocupado com a própria imagem. Dedicou muito poucas páginas a esclarecer sua própria concepção da ética. Como outros grandes filósofos da práxis, falou e escreveu pouco sobre ética (MONTILLA, 2012, p. 1).

O comentador acentua, porém, duas dimensões da ética a serem compreendidas: a primeira, em relação a sua vida, seu modo coerente e convicto de viver as relações privadas; a segunda, no campo da reflexão sobre os princípios da ação. Nesta última, assinalam-se ao menos três grandes eixos a serem estudados: "idealismo moral; premissas da política entendida como ética do coletivo; e revisão historicista e realista do imperativo categórico kantiano" (MONTILLA, 2012, p. 3).

Tortorella (1998), por sua vez, enfoca a necessidade da discussão das temáticas de política e ética em Gramsci, uma vez que é um campo de problematização relevante da práxis revolucionária, indo além da dimensão ética pessoal, normalmente destacada. O mesmo autor concorda que fora da história essa temática pode deslizar ao relativismo.

Os critérios utilizados por Gramsci para a afirmação da necessidade de princípios estão vinculados à política, isto é: à construção de uma reforma intelectual e moral. "[...] sendo eles: a) a permanência no tempo; b) a coerência interna; c) a capacidade de constituir elites dirigentes, grupos dirigentes capazes de ser exemplares" (TORTORELLA, 1998, p. 10).

Ampliando a abordagem, Coutinho (2009) problematiza uma das questões centrais do ponto de vista ético que é o conceito de "vontade". Apesar da origem idealista, com raízes no *Contrato social*, de Jean-Jacques Rousseau, o tema encontrará um terreno fértil em Gramsci na articulação com os conceitos de "vontade coletiva" e "reforma intelectual e moral". Para Coutinho (2009, p. 41): "A vontade coletiva continua tendo um papel importante na construção da ordem social, não mais como "plasmadora" da realidade, mas sim como um momento decisivo que se articula com as determinações que provêm da realidade objetiva, particularmente das relações sociais de produção."

No *Quaderni 11*, Gramsci trará algumas análises sobre o imperativo categórico desenvolvido por Immanuel Kant (1724-1804)[34], questionando a pretensão universalista a respeito do significado de "condições similares" na sua proposição sobre ética. A perspectiva apresentada por Kant levaria a compreender que as verdades historicamente dadas são absolutas e definitivas.

Sobre a máxima kantiana "Atua de tal maneira que a tua conduta possa tornar-se, em *condições similares*, uma norma para todos os homens" (Q 11, § 58, p. 1.484, grifo nosso), Gramsci levanta a questão se ela se refere às ações imediatas, ou em relação às condições gerais, mais complexas e orgânicas, exigindo uma análise criticamente

---

34. Immanuel Kant (2007) tratará da questão do Imperativo Categórico em sua obra *Fundamentação da Metafísica dos costumes*, escrita em 1835, buscando o fundamento da ação moral na razão. A moral é baseada nos princípios da razão, é universal e necessária, portanto, indepede das condições sociais e históricas segundo o autor.

elaborada? Ao que segue sua resposta, no sentido de demonstrar que a máxima se refere a uma espécie de truísmo em que cada um irá agir pensando em ser racional: "Quem rouba por fome acredita que quem tem fome também roubaria; quem mata a mulher infiel acredita que todos os maridos traídos deveriam matar etc. Só os 'loucos' em sentido clínico atuam sem acreditar que estão atuando corretamente" (idem).

Gramsci se pergunta também se Kant estaria tratando das "condições similares" no sentido socrático "na qual a vontade moral tem sua base no intelecto, na sabedoria, pela qual a má ação é devida à ignorância etc., e a busca do conhecimento crítico é a base de uma moral superior ou da moral pura e simplesmente?" (idem). Todavia, em seguida, conclui que as "condições similares", do modo como são tratadas, tendem a ser interpretadas numa perspectiva individual de quem observa a regra moral a partir de um ponto de vista abstrato: "é difícil encontrar alguém que não atue acreditando encontrar-se nas condições em que todos atuariam como ele [...]. Portanto, aquele que atua é o portador das 'condições similares', ou seja, o criador delas: isto é, ele 'deve' atuar segundo um 'modelo' que gostaria de ver difundido entre todos os homens [...]" (Q 11, § 58, p. 1.485). Ou seja, a visão do "imperativo categórico" expressa uma concepção que remete ao período iluminista em que se pressupunha uma única cultura, em que todos pensariam do mesmo modo. Essa perspectiva ética é, no entendimento de Gramsci, individual e truísta.

Em outra direção, Gramsci irá problematizar a história como critério para a compreensão da ética, no sentido de que a ação humana é sempre circunstanciada pelas condições dadas. Essa posição incorporada na *filosofia da práxis* irá sustentar a concepção de ação historicista e coletiva, colocando na base da ética a "vontade", evitando o solipsismo ou o idealismo: "uma vontade racional, não arbitrária, que se realiza na medida em que corresponde às necessidades objetivas históricas; isto é, em que é a própria história universal no momento da sua realização progressiva" (Q 11, § 59, p. 1.485).

O historicismo é fundamento, no sentido de que a ética não é construída por princípios universais como compreendiam os intelectuais individuais, tais como Kant. Para Gramsci,

> Todas as filosofias (os sistemas filosóficos) que existiram até hoje foram as manifestações das íntimas contradições que dilaceram a sociedade. Mas cada sistema filosófico, tomado em si mesmo, não foi a expressão consciente

destas contradições, já que tal expressão poderia ser dada pelo conjunto em luta entre si (Q 11, § 62, p. 1.486).

O ponto de partida e chegada da ética na perspectiva gramsciana é a história problematizada na *filosofia da práxis*, buscando demonstrar que não existe uma realidade "em si mesma e para si, mas em relação histórica com os homens que a modificam etc." (Q 11, § 59, p. 1.486). A finalidade da história, do ponto de vista da ética, seria a passagem do reino da necessidade para o reino da liberdade, que dependerá dos movimentos teóricos e práticos construídos e incorporados pelos grupos sociais.

É problematizada também a dimensão ética quando Gramsci trata do papel da educação e do intelectual na perspectiva de uma reforma intelectual e moral. Sua crítica ao projeto da reforma da educação italiana implantada por Giovanni Gentile busca explicitar o projeto fascista de formação do trabalhador ancorado na perspectiva fordista limitada à técnica, permitindo que somente os filhos dos grupos dominantes alcançassem a formação integral. Por outro lado, analisa a função do intelectual que emerge das novas relações industriais e sua função na passagem da organização corporativa do trabalho para a sua perspectiva política.

> O modo de ser do novo intelectual não pode mais consistir na eloquência, motor exterior e momentâneo dos afetos e das paixões, mas numa inserção ativa na vida prática, como construtor, organizador, "persuasor permanente", já que não apenas orador puro – mas superior ao espírito matemático abstrato; da técnica-trabalho, chega à técnica-ciência e à concepção humanista histórica, sem a qual permanece "especialista" e não se torna "dirigente" (especialista + político) (Q 12, § 3, p. 1.551).

Mais precisamente, não há qualquer reforma sem a mediação do "sujeito coletivo", aquele inspirado no *Príncipe*, de Maquiavel, cuja determinação em princípios éticos superiores converge ao crescimento humano e para a superação das contradições que submetem os diversos grupos humanos à condição subalternizada.

Para Gramsci, há muito mais sentido em resolver ao menos dois problemas do campo ético para a reforma intelectual e moral: o primeiro é relativo às características permanentes ou não da concepção ética e o segundo, a depender das características da moral, se haveria ou não a possibilidade da "dupla verdade", ou seja, do relativismo. Com base nesses dois problemas, ele se perguntará: seria possível uma elite dirigente para educar as multidões e ser exemplar?

Em relação aos momentos de crises históricas, um dos riscos possíveis é o fatalismo que se manifestará na desagregação de determinada concepção moral. O pensamento fatalista fortalece a concepção conservadora de "natureza" e se exaspera em determinados momentos por não encontrar mais correspondência nos modelos idealizados de conduta. Uma das consequências disso é a desresponsabilização do indivíduo sobre suas ações, diluída numa pretensa responsabilidade social abstrata e inalcançável. O modelo de conduta do ambiente inspirado pelo fatalismo "servirá às vezes para levar à indulgência em relação aos indivíduos e dará material para a educação, mas não deve nunca se tornar 'justificação' sem conduzir necessariamente a uma das formas mais hipócritas e revoltantes de conservadorismo e 'reacionarismo'" (Q 16, § 12, p. 1.878).

Nesse sentido, Gramsci coloca a reforma intelectual e moral em novas bases éticas, aprofundando as relações concretas da história das classes subalternas, e nelas vendo as possibilidades de avanços para uma nova hegemonia. Não cabe, em sua concepção ética, qualquer posição idealista, solipsista, relativista ou fatalista.

A discussão de Gramsci com Giovanni Crocione[35], no *Quaderni 27*, a respeito do que seria folclore, levanta alguns aspectos éticos sobre a "moral do povo". Ele se pergunta: o folclore é cultura morta e deve ser analisado apenas como fator "pitoresco"? Concluirá que o folclore deve ser estudado como "concepção de mundo e de vida", mesmo que de modo não sistemático e desordenado, pois às classes subalternas não lhes foi permitida a sistematização, mas apenas a produção de concepções fragmentárias, ora mais grosseiras, ora mais refinadas, que se somam na realização de uma determinada hegemonia.

É verdade, assim, que existe uma "moral do povo", entendida como um conjunto determinado (no tempo e no espaço) de máximas para a conduta prática e de costumes que delas derivam

---

35. Crocione nasceu em Arcevia, Itália, 1970, e faleceu em Reggio Emilia, Itália, em 1954. Intelectual que estudou filologia de inspiração tardopositivista, dedicou-se aos estudos da cultura italiana, com contribuições no campo da Opera Dantesca, e também ao campo do folclore. Sobre o folclore realizou, dentre outros, o estudo intitulado *Le Regioni e la cultura nazionale* (1914), dedicado a Benedetto Croce. Nela defende a autonomia da cultura popular e regional para compreender o papel da escola e da cultura na vida do país. Foi professor livre docente da Universidade de Bolonha a partir de 1913. No campo educacional realizou estudos e debates, especialmente sobre a modernização da escola secundária (ensino médio), empenhou-se no início do século, dentre outros, nos debates a respeito da superação da Lei Casati, em vigor deste 1859.

> ou que as produziram; moral que é estritamente ligada como superstição, às reais crenças religiosas: existem imperativos que são muito mais fortes, persistentes e efetivos do que os da "moral" oficial (Q 27, § 1, p. 2.313).

A "moral do povo" é a expressão para a qual Gramsci compreenderá um conjunto múltiplo de relações, incluindo todo o debate sobre o senso comum. Se na "moral do povo" os simples reproduzem as condutas aguardadas pelas classes dominantes, numa crítica a ela deve emergir um novo senso comum capaz de unificar o pensamento e a ação numa concepção mais ampliada de mundo, portanto, numa nova ética.

No *Quaderni 22*, o autor tratará da problemática sexual e de um certo "puritanismo" como tema relevante para compreender a busca do fordismo por imprimir determinadas condutas morais nos trabalhadores: "o progresso da higiene, que elevaram a vida humana média, colocam cada vez mais a questão sexual como um aspecto fundamental e específico da questão econômica, aspecto capaz de colocar, por seu turno, complexos problemas do tipo 'superestrutural'" (Q 22, § 3, p. 2.149).

A questão sexual é analisada com foco na sexualidade feminina sobre a qual ele assim se refere: "A mais importante questão ético-civil ligada à questão sexual é a formação de uma nova personalidade feminina" (idem). Enquanto não se desenvolverem a autonomia e independência da mulher em relação aos homens, também os aspectos sexuais permanecerão num nível de morbidez cujas implicações chegam até o campo legislativo. Isto é: o novo sistema industrial tem a necessidade de criar uma nova ética sexual adaptada aos métodos modernos de produção e de trabalho, e a tendência em relação à mulher era desenvolver-se numa linha de autonomia controlada, ou então em formas de dupla moral, uma para as trabalhadoras e outra para as mulheres das classes dominantes.

A questão sexual também despertou interesse de Henri Ford (1863-1947) com vistas ao processo industrial: "[...] a verdade é que não se pode desenvolver o novo tipo de homem exigido pela racionalização da produção e do trabalho enquanto o instinto sexual não for adequadamente regulamentado, não for também racionalizado" (Q 22, § 3, p. 2.150).

Neste mesmo *Quaderni*, Gramsci trata das questões éticas e seus vínculos com o mundo da produção. A primeira questão apresentada refere-se ao "puritanismo", incentivado pelos grupos industriais americanos, na busca da formatação dos comportamentos dos operários. Para o autor, "[...] as iniciativas "puritanas" têm apenas o objetivo de conservar, fora do trabalho, um certo equilíbrio psicofísico, capaz de impedir o colapso fisiológico do trabalhador, coagido pelo novo método de produção" (Q 22, § 11, p. 2.166).

Da mesma forma, encaixam-se os esforços investigativos da vida íntima dos operários, com objetivos proibitivos, o controle do álcool e da vida sexual. A coerção de todo o processo criativo é também finalidade das novas formas de produção, incluindo mediações para a conduta no trabalho de modo a coagir qualquer movimento que possa impedir os avanços destas formas. Desse modo, o industrial americano irá se preocupar menos com a "conduta humanista" e mais com os aspectos físicos e psíquicos dos trabalhadores, pois "[...] é de seu interesse ter um quadro estável de trabalhadores qualificados, um conjunto permanentemente harmonizado, já que também o complexo humano (o trabalhador coletivo) de uma empresa é uma máquina [...]" (idem).

Da mesma forma, toda iniciativa de luta "puritana" originada na mentalidade industrial concentra os objetivos tão somente em manter a capacidade produtiva a ponto do proibicionismo do álcool se tornar uma questão de Estado.

Mesmo os altos salários podem evocar conceitos altamente éticos como os de justiça e são compreendidos como mecanismos de racionalização e treinamento. Assim, os altos salários funcionavam como forma de garantir, de um lado, a seleção dos melhores trabalhadores e, de outro, o controle do seu comportamento.

Outro aspecto que Gramsci observa é a defasagem de moralidade quanto às classes populares, às quais se aplicam os valores "puritanos" e proibicionistas, enquanto para as classes superiores a moralidade é mais flexível. Particularmente, chama a atenção sobre a tendência de controle da sexualidade dos trabalhadores tendo como resultado mais evidente a monogamia nas classes populares. Já nas outras classes, o número de divórcios é mais numeroso. Para Gramsci, outro indício sobre essa defasagem são os "concursos de Miss" que demonstram, dentre outras coisas, a ociosidade das mulheres das classes superiores e os mecanismos de acordos e relações comerciais entre as oligarquias mediados por casamentos arranjados.

O que observamos nessas breves abordagens é que a questão essencial da relação de certo "moralismo"/puritanismo" se aprofunda no período industrial como salvaguarda e proteção da energia do trabalhador para o processo produtivo.

A identidade que se pretende desenvolver no nível fragmentário de ação subjetiva busca enquadrar uma moral particular no mundo do trabalho e outras nas esferas das classes dominantes.

A ética é uma temática que, apesar de não sistematizada, percorre a obra gamsciana e se evidencia como expressão da "vontade coletiva", no conflito de classes, e suas derivações são apresentadas como revolução ou como conformismo. A subjetividade como cultura coletiva irá se desenvolver em cada período histórico trazendo em si as dimensões múltiplas das relações de resistências e/ou conformismos.

O momento do industrialismo moderno é considerado o mais avançado, de um lado, ao tornar a dinâmica do trabalho humano muito mais complexa, inserida em relações de controle da autonomia das classes subalternas, e de outro, ao permitir o desenvolvimento de subjetividades coletivas, representadas nos diversos movimentos dos grupos urbanos e/ou rurais.

Décima lição

Atualidade do pensamento gramsciano

Um pensador da estatura de Gramsci continua inspirando gerações após gerações a compreender o mundo pelas suas contradições com foco na emancipação humana, por uma práxis revolucionária capaz de devolver aos povos e aos continentes a condição da liberdade.

Há poucas linhas dedicadas à América do Sul nos escritos deste autor, sendo maior sua abordagem sobre a América do Norte. No entanto, o Brasil tem se destacado como um dos países que mais incorpora a obra gramsciana como referência de análise da sua realidade. Tratam-se de importantes pesquisadores que compreendem não apenas os históricos, mas jovens investigadores, grupos de pesquisas, grupos de leituras, blogueiros, *youtubers* e outros, envolvidos na divulgação e comunicação da obra. As novas leituras de Gramsci têm trazido contribuições para compreender não apenas a realidade passada, mas também a realidade atual do país.

Mais recentemente tem tido um papel central em dinamizar a comunicação e articulação da sua obra, a International Gramsci Society – IGS/Brasil. Conforme Carta de Fundação, de 5 de junho de 2015, esta sociedade se propõe a ampliar a divulgação, acesso e conhecimentos da obra do pensador, agregar e produzir espaços virtuosos de debates e de pesquisas que traduzam o seu pensamento para a realidade brasileira e latino-americana.

No conjunto da obra de Gramsci, encontraremos diversos temas que a circundam, desde temáticas locais da realidade italiana até internacionais. Há um movimento de releitura de seus textos em nível mundial, buscando compreender e mudar os desafios contemporâneos. A projeção destes estudos, que inicialmente se fizeram mais profundamente na Itália, toma corpo na Europa, na Ásia, na Eurásia, nos Estados Unidos e na América Latina. Diversas seções da IGS têm sido abertas em países vizinhos como Argentina, Colômbia, México e grupos de simpatizantes, estudiosos e de pesquisadores espalhados pelo continente.

Talvez uma das lições mais apreendidas ao longo da trajetória do pensamento deste autor tenha sido sobre a necessidade da ampliação/elevação da cultura para todos os grupos sociais, permitindo a qualquer sujeito compreender-se a si e as condições deste "mundo grande e terrível" (LdC, 91, p. 158). Nessa direção, é um marco fundamental que os vínculos entre os intelectuais e as massas populares sejam estreitados. Apesar dos avanços das organizações culturais, tais como escolas, igrejas e meios de comunicações, podemos afirmar essa necessidade hoje como Gramsci o fez: "[...] em todos os países ainda que em graus diversos, existe uma grande cisão entre as massas populares e os grupos intelectuais, inclusive os mais numerosos e mais próximos à periferia nacional, como os professores e os padres" (Q 11, § 12, p. 1.394).

Pensar com Gramsci num mundo que passa por transformações profundas, sobretudo conduzidas pelo capitalismo mais avançado, cuja barbárie tem se mostrado como resultado imediato, é um desafio permanente. Um sistema sócio-político autofágico, capitaneado pelos títeres do mercado financeiro, pelas concentrações de poderes econômico e político, precisa ser compreendido, analisado e combatido com as incisivas e sofisticadas armas da crítica gramsciana.

A universalidade de sua obra se faz justificada especialmente pela sua tradutibilidade, capaz de, em outro tempo e espaço, possibilitar interpretações e leituras em direção a uma nova práxis. Vale sempre lembrar, porém, das advertências de Buttigieg (2017) sobre todos os riscos envolvidos em interpretar um autor complexo como Gramsci em realidades diferentes da Itália. Contudo, o desafio essencial da sua atualização coloca-se no vínculo entre marxismo e a democracia e no enfrentamento das novas mídias e tecnologias, respeitando-se os aspectos de cada país:

> [...] é um desafio de maior urgência pois, como Gramsci assinalou, a luta pelos organismos da opinião pública não é nada menos que a luta pelo monopólio do poder que, como estamos vendo em muitos países, incluindo os Estados Unidos, ameaça hoje a própria democracia (BUTTIGEG, 2017, p. 20-21).

Em um mundo convulsionado por guerras, competições entre as nações, aprofundamento da miséria humana, destruição do meio ambiente, concentração de renda e riqueza, torna-se fundamental um pensamento profundo como o de Gramsci lançando luzes para a compreensão destas realidades. As articulações entre filosofia, política, economia e cultura numa concepção integral de mundo realizadas por ele são atuais e indispensáveis como parâmetros e como referências ao processo emancipatório.

Como pondera Baratta (2004, p. 195), ao enaltecer a potência dialética do pensamento gramsciano: "ele é o único pensador marxista que saiu incólume do desmoronamento do socialismo". Essa é uma das razões do retorno à sua obra e vida, incluindo aos escritos anteriores ao *biennio rosso* (cf. RAPONE, 2014) e na exploração de temas fronteiriços (cf. MELO; RAFANTE; GOMES, 2019), tornando-se instrumento obrigatório aos grupos subalternos. O desafio é potencializar todas as frentes de lutas para a superação das opressões e a construção de um mundo melhor. Nesse sentido, Gramsci é um aliado inconteste!

Referências

AZZARÀ, S.G. Posfácio – Antonio Gramsci: o marxismo diante da modernidade. In.: FRESU, G. *Antonio Gramsci, o homem filósofo*. Trad. Rita Matos Coitinho. São Paulo: Boitempo, 2020.

BARATTA, G. *As Rosas e os Cadernos: o pensamento dialógico de Antonio Gramsci*. Rio de Janeiro: DP&A, 2004.

BARATTA, G. Escola, filosofia e cidadania no pensamento de Gramsci: exercícios de leitura. *Pro-Posições*, Campinas, v. 21, n. 1 (61), p. 31-49, jan.-abr./2010.

BOOTHMAN, D. Traduzione e traducibilità. In: FROSINI, F.; LIGUORI, G. (orgs.). *Le parole di Gramsci – Per un lessico dei Quaderni del carcere*. Roma: Carocci, 2004, p. 247-266.

BOOTHMAN. D. Tradução/tradutibilidade. In: LIGUORI, G.; VOZA, P. *Dicionário Gramsciano*. São Paulo: Boitempo, 2017.

BUTTIGIEG, J. *O método de Gramsci*. Site Gramsci e o Brasil, 1998. Trad. Luiz Sérgio Henriques [Disponível em https://www.acessa.

com/gramsci/?page=visualizar&id=290–Acesso em 15/03/2014].

BUTTIGIEG, J. Ler e estudar Gramsci no novo milênio. Trad. Daniela Mussi. Conferência apresentada no Colóquio Internacional Antonio Gramsci realizado em Campinas. *Revista Outubro*, n. 29, nov./2017 [Disponível em http://outubrorevista.com.br/revista/edicao-29/ – Acesso em 19/03/2018].

BUTTIGIEG, J. Sociedade civil em Gramsci. Trad. Ana Saggioro Garcia e João Pedro Silva. *Práxis e Hegemonia Popular*, Marília, v. 5, n. 6, p. 157-187, jul./2020 [Disponível em https://revistas.marilia.unesp.br/index.php/PHP/article/view/10607/6620].

CACCIATORE, G. Problemas de ética em Los cuadernos. *Telos*, Espanha, v. 6, n. 3, p. 351-362, 2004.

COUTINHO, C.N. *Introdução ao estudo da filosofia – A filosofia de Benedeto Croce*. V. I. Rio de Janeiro: Civilização Brasileira, 1999a.

COUTINHO, C.N. As categorias de Gramsci e a realidade brasileira. In: GRAMSCI, A. *Um estudo sobre seu pensamento político*. Rio de Janeiro: Civilização Brasileira, 1999b, p. 191-219.

COUTINHO, C.N. O conceito de vontade coletiva em Gramsci. *Katálysis*, Florianópolis, v. 12, n. 1, p. 32-40, jan.-jun./2009.

DEL ROIO, M. *Os prismas de Gramsci*. São Paulo: Boitempo, 2019.

D'ORSI, A. *Gramsci: uma nuova biografia*. Milão: Feltrinelli, 2018.

FIORI, G. *Vida de Antonio Gramsci*. Trad. Sergio Lamarão. Rio de Janeiro: Paz e Terra, 1979.

FRANCIONI, G. L'estensione del concetto di ideologia in Gramsci e la genesi delle sue articolazioni. In: ANTONINI, F.; GUZZONE, G. (orgs.). L'estensione dell'ideologia folclore, religione, senso comune, buon senso, filosofia. *HAL Open Science*, p. 130-149, dez./2018. Id Hal 02110378 [Disponível em file:///C:/Users/Cezar/Documents/GRAMSCI/Coletanea%20Italia%20Materialismo%20Hist%C3%B3rico%202019.pdf – Acesso em 18/05/2021].

FRANCIONI, G. *Um nuovo Gramsci*. Collona: Viella, 2020.

FRESU, G. *Antonio Gramsci, o homem filósofo*. Trad. Rita Matos Coitinho, São Paulo: Boitempo, 2020.

GRAMSCI, A. Jornais e trabalhadores. Trad. Michel Abidor. *Avanti,* Piemonte, dez./1916 [Disponível em: https://www.marxists.org/archive/gramsci/1916/12/newspapers.htm – Acesso em nov./ 2020].

GRAMSCI, A. *L'Ordine Nuovo*, mai./1921. Turim: Einaudi, 1975a.

GRAMSCI, A. *Quaderni del carcere.* V. 1.0. Turim: Einaudi, 1975b [Edição crítica do Instituto Gramsci, organizada por Valentino Gerratana; edição eletrônica aos cuidados da Internacional Gramsci Society].

GRAMSCI, A. *Lettere dal carcere 1926-1937*. V. 1.0. Turim: Einaudi, 1975c [Edição crítica do Instituto Gramsci, organizada por Valentino Gerratana; edição eletrônica aos cuidados da Internacional Gramsci Society].

KANT, I. *Fundamentação da metafísica dos costumes*. Lisboa: Ed. 70, 2007.

LACORTE, R. Sobre alguns aspectos da "tradutibilidade" nos *Cadernos do cárcere* de Antonio Gramsci e algumas das suas implicações. *Educação e filosofia*, Uberlândia, v. 28, n. 55, p. 59-98, jan.-jun./2014.

LACORTE, R. Liberdade e tradutibilidade nos Cadernos de Gramsci. *Práxis e Hegemonia Popular*, v. 2. n. 2, p. 46-79, jan.-jun./2017.

LACORTE, R. Apontamentos sobre tradutibilidade, pedagogia e hegemonia nos Cadernos de A. Gramsci. *Revista de Filosofia Moderna e Contemporânea*, Brasília, v. 7, n. 3, p. 141-182, dez./2019.

LIGUORI, G. Estado e sociedade civil: entender Gramsci para entender a realidade. In: COUTINHO, C.N; TEIXEIRA, A.P. (orgs.). *Ler Gramsci para entender a realidade*. Rio de Janeiro: Civilização Brasileira, 2003, p. 173-188.

LIGUORI, G. Ideologia. In: FROSINI, F.; LIGUORI, G. *Per um lessico dei Quaderni del cárcere*. Roma: Carocci, 2004, p. 131-149.

LIGUORI, G. "Letteredalcarcere"–L'Aattitudine dialogica di un grande classico. *Il Manifesto*, 17/10/1921 [Disponível em https://ilmanifesto.it/lettere-dal-carcere-lattitudine-dialogica-di-un-grande-classico/ – Acesso em 22/11/2020].

LIGUORI, G.; VOZA, P. *Dicionário Gramsciano*. São Paulo: Boitempo, 2017.

LOSURDO, D. *Do liberalismo ao "comunismo crítico"*. Trad. Teresa Ottoni. Revisão da trad. Giovanni Semeraro. Rio de Janeiro: Revan, 2006.

LOSURDO. D. "A sociedade civil não é necessariamente o lugar da emancipação". Trad.

Rodrigo Gonçalves [Entrevista concedida a Santiago Armessila, 26/10/2015] [Disponível em: https://lavrapalavra.com/2018/06/29/domenico-losurdo-a-sociedade-civil-nao-e-necessariamente-o-lugar-da-emancipacao – Acesso em 14/04/2019].

MELO, D.C.F.; RAFANTE, H.C.; GOMES, J.M. *Gramsci e a educação especial*. Campos de Goytacazes: Brasil Multicultural, 2019.

MONTILLA, O. *Antonio Gramsci: el Puño de Gramsci Gulliveriana.* Barcelona, 2012 [Extraído de um curso ministrado pelo Prof. Fernández Buey na Universidad Pompeu Fabra].

MUSSI, D. *Socialismo e liberalismo antes do fascismo: Antonio Gramsci e Piero Gobetti.* Porto Alegre: Zouk, 2020.

RAPONE, L. *O jovem Gramsci*: cinco anos que parecem séculos, 1914-1919. Trad. Luiz Sérgio Henriques. Rio de Janeiro/Brasília: Contraponto/Fundação Astrogildo Pereira, 2014.

ROCHA, J.C.C. *Guerra cultural e retórica do ódio*. Goiânia: Caminhos, 2021.

SEMERARO, G. Filosofia da práxis e o (neo) pragmatismo. *Revista Brasileira de Educação*, n. 29, p. 28-39. mai.-ago./2005.

SEMERARO, G. A "Utopia" do Estado ético em Gramsci e os novos movimentos populares.

Revista de Educação Pública, Cuiabá, v. 20, n. 44, p. 465-480, 2011.

SCHELESENER, A.H. O pensamento político de Croce: o modelo liberal. *Sociedade e Estado*, Brasília, v. 22, n. 1, p. 71-96, jan.-abr./2007.

TORTORELLA, A. O fundamento ético da política em Gramsci. *Lua Nova*, São Paulo, n. 43, 1998. [Disponível em http://dx.doi.org/10.1590/S0102-64451998000100006 – Acesso em 13/09/2017].

VIANNA, L.W. Caminhos e descaminhos da revolução passiva à brasileira. *A revolução passiva: iberismo e americanismo no Brasil*. Rio de Janeiro: Revan, 1997, p. 12-27.

VIANNA, L.W. À guisa de prefácio. In: RAPONE, L. (org.). *O jovem Gramsci: cinco anos que pareceram séculos, 1914-1919*. Trad. Luiz Sérgio Henriques. Rio de Janeiro/Brasília: Contraponto/Fundação Astrogildo Pereira, 2014, p. 9-13.

COLEÇÃO 10 LIÇÕES

- *10 lições sobre Kant*
  Flamarion Tavares Leite
- *10 lições sobre Marx*
  Fernando Magalhães
- *10 lições sobre Maquiavel*
  Vinícius Soares de Campos Barros
- *10 lições sobre Bodin*
  Alberto Ribeiro G. de Barros
- *10 lições sobre Hegel*
  Deyve Redyson
- *10 lições sobre Schopenhauer*
  Fernando J.S. Monteiro
- *10 lições sobre Santo Agostinho*
  Marcos Roberto Nunes Costa
- *10 lições sobre Foucault*
  André Constantino Yazbek
- *10 lições sobre Rousseau*
  Rômulo de Araújo Lima
- *10 lições sobre Hannah Arendt*
  Luciano Oliveira
- *10 lições sobre Hume*
  Marconi Pequeno
- *10 lições sobre Carl Schmitt*
  Agassiz Almeida Filho
- *10 lições sobre Hobbes*
  Fernando Magalhães
- *10 lições sobre Heidegger*
  Roberto S. Kahlmeyer-Mertens
- *10 lições sobre Walter Benjamin*
  Renato Franco
- *10 lições sobre Adorno*
  Antonio Zuin, Bruno Pucci e Luiz Nabuco Lastoria
- *10 lições sobre Leibniz*
  André Chagas
- *10 lições sobre Max Weber*
  Luciano Albino
- *10 lições sobre Bobbio*
  Giuseppe Tosi
- *10 lições sobre Luhmann*
  Artur Stamford da Silva
- *10 lições sobre Fichte*
  Danilo Vaz-Curado R.M. Costa
- *10 lições sobre Gadamer*
  Roberto S. Kahlmeyer-Mertens
- *10 lições sobre Horkheimer*
  Ari Fernando Maia, Divino José da Silva e Sinésio Ferraz Bueno
- *10 lições sobre Wittgenstein*
  Gerson Francisco de Arruda Júnior
- *10 lições sobre Nietzsche*
  João Evangelista Tude de Melo Neto
- *10 lições sobre Pascal*
  Ricardo Vinícius Ibañez Mantovani
- *10 lições sobre Sloterdijk*
  Paulo Ghiraldelli Júnior
- *10 lições sobre Bourdieu*
  José Marciano Monteiro
- *10 lições sobre Merleau-Ponty*
  Iraquitan de Oliveira Caminha
- *10 lições sobre Rawls*
  Newton de Oliveira Lima
- *10 lições sobre Sócrates*
  Paulo Ghiraldelli Júnior
- *10 lições sobre Scheler*
  Roberto S. Kahlmeyer-Mertens
- *10 lições sobre Kierkegaard*
  Jonas Roos
- *10 lições sobre Goffman*
  Luís Mauro Sá Martino
- 10 lições sobre Norbert Elias
  Andréa Borges Leão e Tatiana Landini
- *10 lições sobre Gramsci*
  Cezar Luiz de Mari